高等院校『十三五』国家级规划教材（建筑产业现代化）

『互联网+』新形态信息化教材

建筑产业现代化概论

JIANZHU CHANYE XIANDAIHUA GAILUN

主编／张怡　隋良志　杨道宇

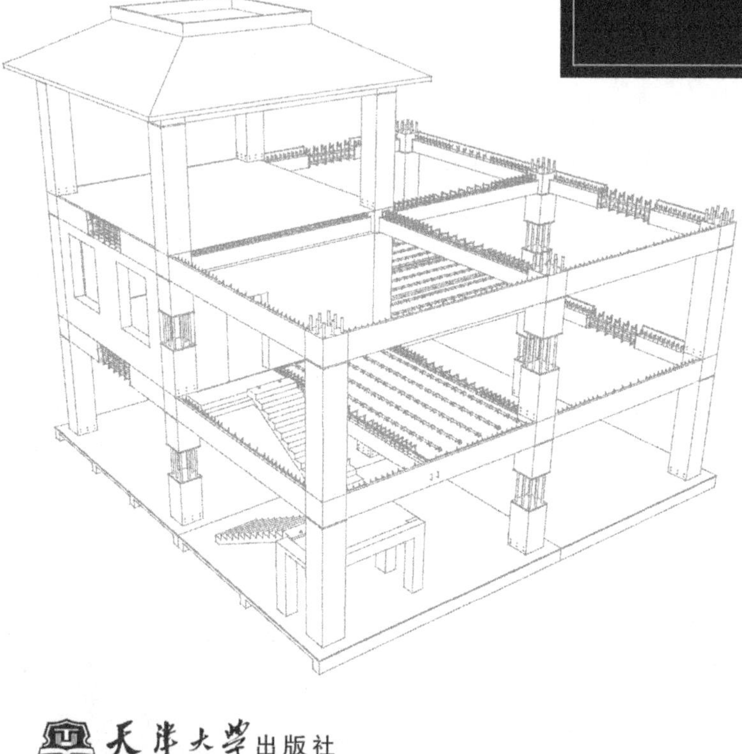

天津大学出版社
TIANJIN UNIVERSITY PRESS

内 容 简 介

本书共分为8章，分别为绪论、建筑产业现代化发展历程、装配式混凝土建筑、装配式钢结构建筑、装配式木结构建筑、装配式混凝土构件常用建筑材料、装配式混凝土建筑施工技术、BIM与装配式建筑。为使学习过程充满趣味性，本书配有数字资源供学习者在线学习，以数字图文、动画、视频的方式呈献给读者，帮助读者快速了解建筑产业现代化的相关知识。此外，对选用本书的学习者免费提供在线教学课件。

本书可作为高等院校土木工程类、工程管理类、建筑材料类相关专业的教材，可供建筑设计与施工单位、相关政府部门及企业等的专业人员使用，同时也可作为相关企业员工的岗位培训教材。

图书在版编目(CIP)数据

建筑产业现代化概论 / 张怡，隋良志，杨道宇主编.
—天津：天津大学出版社，2019.6
高等院校“十三五”国家级规划教材. 建筑产业现代化　“互联网 +”新形态信息化教材
ISBN 978-7-5618-6418-0

Ⅰ. ①建… Ⅱ. ①张… ②隋… ③杨… Ⅲ. ①建筑业—现代化—中国—高等学校—教材 Ⅳ. ①F426.9

中国版本图书馆CIP数据核字(2019)第109055号

出版发行	天津大学出版社
地　　址	天津市卫津路92号天津大学内（邮编:300072）
电　　话	发行部:022-27403647
网　　址	publish.tju.edu.cn
印　　刷	北京虎彩文化传播有限公司
经　　销	全国各地新华书店
开　　本	185mm×260mm
印　　张	13.5
字　　数	349千
版　　次	2019年6月第1版
印　　次	2019年6月第1次
定　　价	42.00元

编审委员会

主　审： 王　力　闫红缨

主　编： 张　怡　隋良志　杨道宇

编　委：（排名不分先后）

王　力　黑龙江建筑职业技术学院
闫红缨　黑龙江宇辉新型建筑材料有限公司
张　怡　黑龙江建筑职业技术学院
隋良志　黑龙江建筑职业技术学院
杨道宇　哈尔滨建筑云网络科技有限公司
刘冬梅　黑龙江建筑职业技术学院
李　迪　黑龙江建筑职业技术学院
贲　珊　黑龙江建筑职业技术学院
刘红荣　黑龙江建筑职业技术学院
吴碧野　黑龙江建筑职业技术学院
尹　丽　黑龙江建筑职业技术学院

前言

改革开放以来，中国建筑产业进入了一个快速发展时期。近十年来，中国建筑业增加值占国内生产总值的比重始终保持在5.7%以上，2018年建筑业完成总产值高达23.5万亿元，增加值达6.18万亿元，在全国GDP总量中约占6.87%。但是，建筑业中依旧存在一些问题，例如建筑行业发展方式粗放、产业大而不强、建筑工人技能素质不高等，这些严重影响了建筑业发展的活力和资源配置效率。《建筑业发展"十三五"规划》明确指出"着力在健全市场机制、推进建筑产业现代化、提升队伍素质、开拓国际市场上取得突破，切实转变发展方式，增强发展动力，努力实现建筑业的转型升级"。

建筑产业现代化以落实"适用、经济、绿色、美观"建筑方针为目标，以推进建筑业供给侧结构性改革为主线，将现代科学技术和管理方法应用于整个建筑产业，以工业化、信息化、产业化的深度融合实现对建筑全产业链进行更新、改造和提升。建筑产业现代化是以发展绿色建筑为方向，以新型建筑工业化生产方式为手段，以住宅产业现代化为重点，以"标准化设计、工厂化生产、装配化施工、一体化装修、信息化管理、智能化运行"为主要特征的高级产业形态及其实现过程。建筑产业现代化的基本内涵：建筑生产工业化、产业链组织集成化、管理手段和产品信息化、建筑生产过程和建筑产品绿色化以及建筑全寿命周期价值最大化。

建筑人才是建筑产业现代化发展的基础，教育是提升发展质量的根本。近年来，随着我国建筑产业现代化的深入发展，技术与管理人才、产业工人短缺的问题已经直接影响和制约了建筑产业现代化的发展。2016年国务院办公厅印发的《关于大力发展装配式建筑的指导意见》明确指出："强化队伍建设。大力培养装配式建筑设计、生产、施工、管理等专业人才。鼓励高等学校、职业学校设置装配式建筑相关课程，推动装配式建筑企业开展校企合作，创新人才培养模式。"因此，培养适应建筑产业现代化发展需求的技术和管理人才已刻不容缓。为了深入贯彻落实国家相关文件精神，积极推进建筑、建材类高等院校开设建筑产业化相关课程，探索与建筑产业现代化（装配式建筑）相关的职业教育改革，构建新型立体化的装配式建筑人才培养体系，黑龙江建筑职业技术学院联合哈尔滨建筑云网络科技有限公司、黑龙江宇辉新型建筑材料有限公司，采用校企合作方式共同合作编写本教材。本教材充分利用了教育信息化技术与数字资源。

本教材根据建筑产业现代化相关法规、政策以及最新研究和实践成果编写，概略地介绍了建筑产业现代化的发展背景与历程、基本内涵和特征，主要介绍装配式混凝土建筑、装配式钢结构建筑、装配式木结构建筑、装配式混凝土构件常用建筑材料、装配式混凝土建筑施工技术和BIM与装配式建筑等内容，充分体现“必需、够用”原则和能力本位思想，以基本概念、典型分类和内容为重点，结合国内外典型工程案例，以提高学生对建筑产业现代化的认知和能力培养为重点。

本教材由张怡、隋良志、杨道宇担任主编，由黑龙江建筑职业技术学院王力教授、黑龙江宇辉新型建筑材料有限公司闫红缨教授级高工主审。具体编写分工：张怡、杨道宇编写前言、内容简介、第2章、第7章和附录，隋良志、刘红荣编写第1章和第6章，刘冬梅编写第3章，吴碧野、尹丽编写第4章，李迪编写第5章，贲珊编写第8章。本教材由张怡进行统稿，配套课件由杨道宇、张怡编写制作。本教材中数字资源的设计、制作由杨道宇、张怡完成，天津大学出版社为数字资源提供技术支持。编者在教材编写过程中得到黑龙江宇辉新型建筑材料有限公司和哈尔滨建筑云网络科技有限公司的帮助和支持，在此一并表示感谢。

编者在编写本教材的过程中查阅、参考了大量的期刊、教材、论文和网络资料，在此谨向这些资料的作者和相关单位表示由衷的感谢。由于建筑产业现代化正处于不断发展和实践过程中，尚有许多政策和实践问题需要进一步深入研究，加上编者水平有限，本教材中难免存在不妥和疏漏之处，敬请各位专家、读者批评指正，以便再版时修改完善。

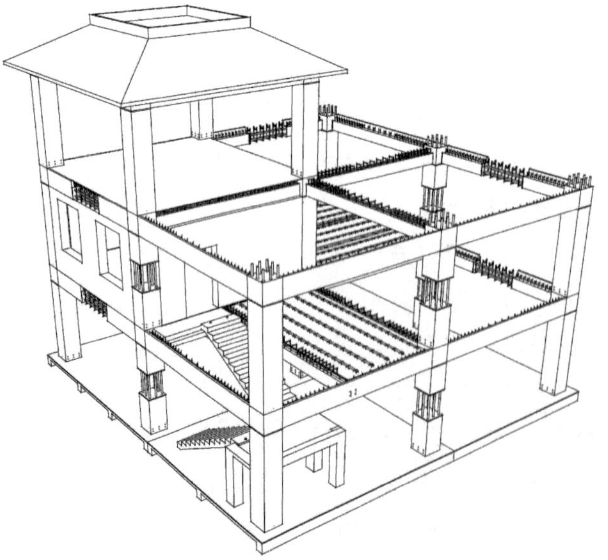

编　者

2019年5月

目录

第 1 章　绪论

知识目标

1. 了解建筑产业现代化发展的背景。
2. 理解建筑产业现代化发展的意义。
3. 掌握建筑产业现代化的基本概念和内涵。
4. 了解建筑产业现代化的优势。

职业目标

1. 熟悉国家大力发展建筑产业现代化给建筑行业带来的岗位能力上的变化。
2. 认知建筑产业现代化与建筑工业化、住宅产业现代化的关系。

学习课件

扫一扫

本章课件

1.1 建筑产业现代化发展背景

改革开放以来，我国建筑产业进入了一个快速发展时期，尤其是进入 21 世纪以来，装配式建筑发展迅猛。近十年来，建筑业增加值占国内生产总值（GDP）的比重始终保持在 5.7% 以上，2018 年建筑业完成总产值高达 23.5 万亿元，增加值达 6.18 万亿元，在全国 GDP 总量中约占 6.87%。2015 年建筑业从业人员达 5 093.7 万人，占全国从业人员的 6.58%，建筑业在国民经济中的支柱产业地位继续增强。但是，建筑产业总体上仍然是一个劳动密集型的传统产业，建筑行业发展方式粗放、产业大而不强、建筑工人技能素质不高等，都严重影响建筑业发展活力和资源配置效率。新型城镇化、京津冀协同发展、长江经济带发展和“一带一路”建设，形成建筑业未来发展的重要推动力和宝贵机遇。“十三五”期间建筑业发展的指导思想是：牢固树立和贯彻创新、协调、绿色、开放、共享发展理念，以落实“适用、经济、绿色、美观”建筑方针为目标，以推进建筑业供给侧结构性改革为主线，以推进建筑产业现代化为抓手，以保障工程质量安全为核心，以优化建筑市场环境为保障，推动建造方式创新，深化监管方式改革，着力提升建筑业企业核心竞争力，促进建筑业持续健康发展。

推进建筑产业现代化已经成为建筑业转型升级的抓手，建筑产业现代化的基础即建筑构配件工厂化生产和施工现场的装配式安装。图 1.1 为装配化施工现场，图 1.2 为工厂化生产建筑构配件现场。

图 1.1　装配化施工现场

今后较长一段时期，城市化进程加快所形成的市场需求不断增长，这为我国建筑产业带来了巨大发展空间。据测算，如果 2020 年城镇化率达到 60%，将有 1 亿以上农民市民化，城市需要建设大量的基础设施以及住房，然而与国外发达国家相比，现阶段我国的建筑虽然生产总量巨大，但质量和性能不高，多采用传统的现场、手工和粗放式生产作业模式，建筑产业现代化仍处在初级发展阶段，存在“四低二高”的突出问题：建筑业标准化和工业化水平低、劳动生产率低、科技进步贡献率低、建筑质量和性能低；资源能源消耗高、环境污染程度高。这些问题对社会和环境产生了很大的消极和负面影响，使建筑产业不能适应新型工业化和可持续发展的要求，因此大力提高建筑产业现代化水平已经迫在眉睫。社会和经济的可持续发展对传统建筑的生产方式提出了新的挑战，同时也为建筑产业现代化带来了新的发展契机。因此，建设领域要大力推进建筑产业现代化，坚持走科技含量高、经济效益好、资源消耗低、环境污染少、人力资源优势得到充分发挥的新型工业化道路。

图 1.2　工厂化生产建筑构配件现场

数字资源 1-1　传统建筑施工现场

扫一扫

我国建筑产业现代化的探索已有许多年，住房与城乡建设部一直倡导实施住宅产业化，在推进产业化技术研究和交流的基础上，组织标准规范的编制修订，近年来我国陆续建成一批住宅产业化示范基地，包括住宅开发、施工安装、结构构件、住宅部品等相关产业链企业，为推动我国建筑产业现代化的广泛实施奠定了基础。

与此同时，全国各地建设主管部门相继通过出台住宅产业化、建筑工业化、建筑产业现代化等鼓励政策和激励措施，推进产业化试点工程建设，在技术研发、部品开发、标准规范、工程管理等方面都取得了很大进展，积累了许多成功经验。目前，北京、上海、沈阳、深圳、南京、合肥等城市已经走在建筑产业现代化的前列，受到中央及各级政府的高度关注和大力支持，这些成功经验对我国未来推进建筑产业现代化有很好的借鉴意义。

1.2 建筑产业现代化发展意义

我国建筑产业经过几十年的发展，取得了巨大成效，也带动了整个社会和经济的发展。然而，我国建筑产业仍然存在生产力水平低下、生产方式粗放等诸多问题，在行业快速发展过程中积累的矛盾日益凸现：大量的劳动力需求与人口红利消失的矛盾；低质低效的生产与更高的品质、更短的工期等生产效率要求的矛盾；大量的建筑需求与有限的资源供应的矛盾；较大的环境污染、能耗与绿色环保、可持续发展的矛盾等。建筑产业的可持续发展遭遇瓶颈，如果不能得到妥善解决，在今后一段时间内将会影响经济和社会的可持续发展。因此，建筑产业亟须转变发展方式，进行产业转型升级，发展建筑产业现代化正是解决这些问题的有效途径。近年来，虽然我国积极推进建筑产业现代化的发展，且取得了一定成效，但仍然缺乏完善的发展体系，没有形成目标清晰、内容完善的顶层设计，建筑产业的生产经营方式基本上仍然沿用传统方式。对推进建筑产业现代化进行系统的研究是走可持续发展道路和新型工业化道路的必然要求，对于加快建筑产业现代化进程，解决发展过程中存在的各种矛盾和问题，从而促进建筑产业现代化又好又快发展具有重要意义。

扫一扫

数字资源 1-2　建筑产业现代化

1. 建筑业转型升级的需要

当前我国建筑业发展的环境已经发生深刻变化，建筑业一直是劳动密集型产业，长期积累的深层次矛盾日益凸现，粗放增长模式已难以为继，同其他行业和发达国家建筑业相比，我国建筑业手工作业多、工业化程度低、劳动生产率低、工人工作条件差、质量和安全水平不高、建造过程中能源和资源消耗大、环境污染严重。长期以来，我国固定资产的投资规模大，而且劳动力充足、人工成本低，企业忙于规模扩张而没有动力进行工业化研究和生产。随着经济和社会的不断发展，人们对建造水平和服务品质的要求不断提高，劳动用工成本不断上升，传统的生产模式已难以为继，必须向新型生产方式转轨。预制装配化是转变建筑产业发展方式的重要途径，装配式建筑是提升建筑业工业化水平的重要机遇和载体，是推进建筑业节能减排的重要切入点，是提升建筑质量的根本保证，装配式建筑无论对于需求方、供给方，还是整个社会都有其独特的优势，但由于我国建筑业相关配套设施不完善，在一定程度上阻碍了装配式建筑的发展。但是从长远来看，科学技术是第一生产力，国家政策必定会适应发展的需要而不断改进。因此，装配式建筑必然会成为未来建筑的主要发展方向。图 1.3 为传统工地与预制装配式工地对比。

图 1.3 传统工地与预制装配式工地对比

2. 可持续发展的要求

在可持续发展战略指导下，努力建设资源节约型、环境友好型社会是国家现代化建设的奋斗目标，国家对资源利用、能源消耗、环境保护制定了到 2020 年国内单位生产总值二氧化碳排放量比 2005 年下降 40%~45% 的减排目标。要实现这一目标，建筑行业将承担更重的任务。我国是世界上新建建筑最多的国家，传统建筑方式导致的建筑垃圾已经占到城市固体垃圾总量的 40% 以上，施工过程中的扬尘、废料垃圾也在随着城市建设节奏的加快而增加，施工建造等各环节对环境造成了破坏，同时我国建筑建造与运行能耗约占我国全社会总能耗的 40%。针对上述现象，应倡导在全寿命周期内最大限度地节约资源、保护环境和减少污染，与自然和谐共生的绿色建筑应成为建筑业未来的发展方向。因此，加速建筑业转型是促进建筑业可持续发展的重点所在。目前，各地关于建筑企业的环境治理政策均是针对施工环节的，而装配式建筑目前是解决建筑施工中扬尘、垃圾污染、资源浪费等问题的最有效方式之一，其具有可持续性，不仅防火、防虫、防潮、保温，而且环保、节能。随着国家产业结构的调整和建筑行业对绿色节能建筑理念的倡导，装配式建筑受到越来越多的关注。发展装配式建筑符合可持续发展理念，是建筑业转变发展方式的有效途径，也是当前我国社会经济发展的客观要求。图 1.4 为体现可持续发展理念的装配式建筑虚拟设计。

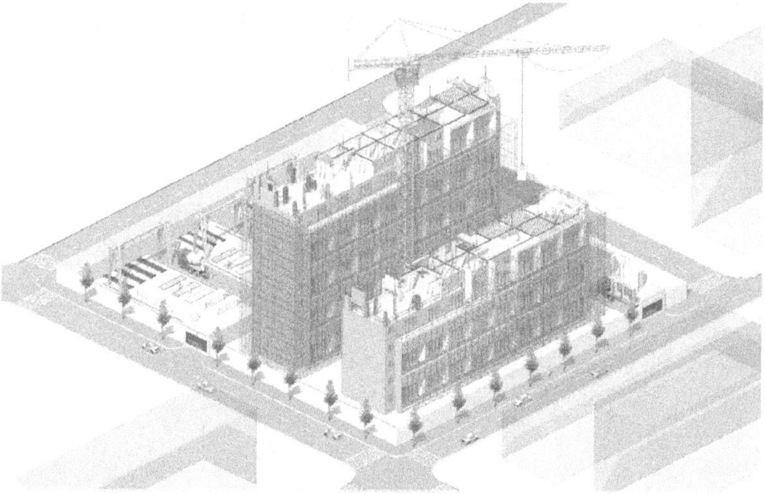

图 1.4 装配式建筑虚拟设计

3. 新型城镇化建设的需要

我国城镇化率从 1978 年的 17.9% 到 2014 年的 54.7%，以年均增长 1% 的速度稳步提高。随着内外部环境的深刻变化，城镇化进入以提升质量为主的转型发展新阶段，《国务院关于深入推进新型城镇化建设的若干意见》（国发〔2016〕8 号）指出："推动新型城市建设。坚持适用、经济、绿色、美观方针，提升规划水平……全面开展城市设计，加快建设绿色城市、智慧城市、人文城市等新型城市，全面提升城市内在品质……对大型公共建筑和政府投资的各类建筑全面执行绿色建筑标准和认证，积极推广应用绿色新型建材、装配式建筑和钢结构建筑。"同时要求城镇绿色建筑占新建建筑的比例由 2012 年的 2% 增加到 2020 年的 50%。随着城镇建设速度不断加快，传统建造方式在质量、安全、经济等方面已经难以满足现代化建设发展的需求。发展装配式建筑体系可以有效促进建筑业从"高能耗建筑"向"绿色建筑"转变，加速建筑产业现代化发展的步伐，有助于快速推进我国的城镇化建设进程。

1.3 建筑产业现代化的基本概念与内涵

建筑产业现代化是建筑产业从低端向中端、高端发展的高级形态。要想全面、正确理解建筑产业现代化的基本概念和内涵，首先需要对建筑产业建立充分的理解和清晰的认识。

根据产业的定义，建筑产业指的是围绕建筑产品展开的、具有不同分工的、由各个相关行业组成的业态总称。建筑产品表现为各种工厂、矿井、铁路、桥梁、港口、道路、管线、房屋以及公共设施等建筑物和构筑物。

根据《国民经济行业分类》（GB/T 4754—2017），我国行业分类中与建筑产品相关的生产经营行业包括：建筑业（房屋建筑业，土木工程建筑业，建筑安装业，建筑装饰、装修和其他建筑业）；房地产业（房地产开发经营、物业管理、房地产中介服务、房地产租赁经营、其他房地产业）；制造业中和建筑产品相关的行业（木材加工和木、竹、藤、棕、草制品业，家具制造业，化学原料和化学制品制造业，橡胶和塑料制品业，非金属矿物制品业，黑色金属冶炼和压延加工业，金属制品业，专用设备制造业）；科学研究和技术服务业中的专业技术服务业（工程技术与服务业中的几个小类）；水利、环境和公共设施管理业（水利管理业、公共设施管理业），见表 1.1。

表 1.1　建筑产业中的行业分类

<table>
<tr><td rowspan="21">建筑业</td><td rowspan="3">房屋建筑业</td><td>住宅房屋建筑</td></tr>
<tr><td>体育场馆建筑</td></tr>
<tr><td>其他房屋建筑业</td></tr>
<tr><td rowspan="8">土木工程建筑业</td><td>铁路、道路、隧道和桥梁工程建筑</td></tr>
<tr><td>水利和水运工程建筑</td></tr>
<tr><td>海洋工程建筑</td></tr>
<tr><td>工矿工程建筑</td></tr>
<tr><td>架线和管道工程建筑</td></tr>
<tr><td>节能环保工程施工</td></tr>
<tr><td>电力工程施工</td></tr>
<tr><td>其他土木工程建筑</td></tr>
<tr><td rowspan="3">建筑安装业</td><td>电气安装</td></tr>
<tr><td>管道和设备安装</td></tr>
<tr><td>其他建筑安装业</td></tr>
<tr><td rowspan="4">建筑装饰、装修和其他建筑业</td><td>建筑装饰和装修业</td></tr>
<tr><td>建筑物拆除和场地准备活动</td></tr>
<tr><td>提供施工设配服务</td></tr>
<tr><td>其他未列明建筑业</td></tr>
<tr><td rowspan="5">房地产业</td><td rowspan="5">房地产业</td><td>房地产开发经营</td></tr>
<tr><td>物业管理</td></tr>
<tr><td>房地产中介服务</td></tr>
<tr><td>房地产租赁经营</td></tr>
<tr><td>其他房地产业</td></tr>
<tr><td rowspan="8">制造业
（建筑物中的各种制成品、零部件的生产应视为制造，但在建筑预制品工地，把主要部件组装成桥梁、仓库设备、铁路与高架公路、升降机与电梯、管道设备、喷水设备、暖气设备、通风设备与空调设备，照明与安装电线等组装活动以及建筑物的装置，均列为建筑活动）</td><td>木材加工和木、竹、藤、棕、草制品业</td><td>建筑用木料及木材组件加工</td></tr>
<tr><td>家具制造业</td><td>—</td></tr>
<tr><td>化学原料和化学制品制造业</td><td>涂料、油墨、颜料及类似产品制造</td></tr>
<tr><td>橡胶和塑料制品业</td><td>—</td></tr>
<tr><td>黑色金属冶炼和压延加工业</td><td>—</td></tr>
<tr><td>非金属矿物制品业</td><td>—</td></tr>
<tr><td>金属制品业</td><td>结构性金属制品制造，建筑、安全用金属制品制造</td></tr>
<tr><td>专用设备制造业</td><td>建筑工程用机械制造，建筑材料生产专用机械制造</td></tr>
</table>

续表

科学研究和技术服务业	专业技术服务业	工程技术与设计服务（包括工程管理服务、工程监理服务、工程勘察活动、工程设计活动、规划设计管理、土地规划服务等小类）
水利、环境和公共设施管理业	水利管理业	—
	公共设施管理业	—

综合以上分析，本书将建筑产业定义为：围绕各种工厂、矿井、铁路、桥梁、港口、道路、管线、房屋以及公共设施等建筑物和构筑物等建筑产品而展开的开发、设计、咨询，建筑材料生产，设备成品、半成品的生产、施工安装和维护管理等不同分工的生产经营行业的总称，其最终目的是提供具有一定使用功能的建筑产品和设施。

1.3.1 建筑产业现代化的基本概念

建筑业是国民经济的重要物质生产部门，与整个国家经济的发展、人民生活的改善有着密切的关系，通过协商座谈会，大家对推进建筑产业现代化在节能节水、降低污染、提高效率等方面的重要性达成了共识。要按照转变经济增长方式、调整优化产业结构的要求，制定和完善推进建筑产业现代化的相关政策法规，并积极抓好落实。

2013 年下半年以来，中央领导同志多次批示要加强以住宅为主的建筑产业现代化法规政策标准的研究并积极推进。2013 年底，全国建设工作会议上明确提出了“促进建筑产业现代化”的要求。

至此，我国正式提出了“建筑产业现代化”的概念，这一概念既是对我国过去提出的“住宅产业化”“住宅产业现代化”“建筑工业化”等概念的高度总结和概况，同时又具有更加广泛和深刻的内涵和意义。

1. 建筑产业现代化的定义

目前，由于“建筑产业现代化”是一个新兴的概念，学术界和国家正式文件中还缺乏对其统一的定义。

住房与城乡建设部科技与产业化发展中心将建筑产业现代化的内涵解释为：新时期是以住宅建设为重点，以新型建筑工业化为核心，运用现代科学技术和现代化管理模式，实现传统生产方式向现代工业化生产方式转变并实现社会化大生产，从而全面提高建筑工程的效率、效益和质量。

中国建筑业协会副会长兼秘书长吴涛（2014 年）提出，以建筑产业现代化创新发展为理念，以顶层设计、统筹规划为先导，以现代科学技术进步为支撑，以工业化生产方式为手段，以工程项目管理创新为核心，以世界先进水平为目标，广泛运用信息技术、节能环保技术，将建筑产品生产全过程的融投资、规划设计、开发建设、施工生产、管理服务以及新材料、新设备的更新换代等环节联结为完整的一体化产业链系统，依靠高素质的企业管理人才和新型产业工人队伍，提高工程质量安全生产水平和社会与经济效益，全面实现为用户提供满足需求的低碳绿色建筑产品。

中国工程院院士肖绪文（2014 年）指出，推进建筑产业现代化一是要把构配件生产工厂化、施工现场装配化放在重要位置；二是要用建筑施工过程信息化来降低管理成本和生产成本；三是要实现建造过程的绿色化，要走绿色低碳发展之路，在建筑材料的更新换代和建造方式上下功夫，广泛引入节能核心技术，坚持材料升级换代，降低建筑能耗，提高能源效益，促进经济可持续发展，要通过深入开展新技术应用示范工程和绿色施工示范工程，促进建筑设计标准系列化、构配件生产工厂化、现场施工装配化、建筑施工过程信息化；四是要实现资源配置的科学化。

结合以上定义，本书将建筑产业现代化定义为：将现代科学技术和管理方法应用于整个建筑产业，以工业化、信息化、产业化的深度融合对建筑全产业链进行更新、改造和提升，为社会和用户提供性能优良的绿色建筑产品，实现建筑产业转型升级，打造产业核心竞争力，使整个建筑产业达到或超越国际先进水平的高级产业形态及其实现过程。

2. 建筑工业化、产业化、现代化三者的区别与联系以及相互作用关系

（1）建筑工业化、产业化、现代化三者的区别与联系

建筑工业化和产业化相比，前者是指对生产建造方式的改造，而后者是指对整个建筑产业的改造，推动建筑工业化是实现产业化的第一步，也是最核心的步骤，但并非全部。因此，建筑产业化不仅包括建筑施工的工业化，还包括部品、构件生产的工业化，即部品、构件生产的标准化、规模化、集成化、机械化。而建筑现代化则代表建筑产业在工业化、产业化基础上的信息化、绿色化以及建筑产品的价值最大化，即建筑产业为适应信息时代和应对气候、环境变化等世界发展新要求，满足消费市场的新需求所做出的转变。

建筑产业的工业化、产业化、现代化需要以市场化为纽带，加快实现社会化供应和专业化分工，以促进高效产业链的融合。

（2）三者之间的相互作用关系

在国家或地区的建筑产业发展过程中，工业化、产业化和现代化三者相互联系、相互作用，是一个有机的综合系统。工业化、产业化和现代化三者之间相互促进、共同发展、良性循环，达到“三化”协调的目的。它们是相互推动、互为支撑的关系，见图 1.5。建筑产业的发展支撑其工业化进程，工业化发展进一步推动产业化，产业化发展带动现代化进程，建筑产业现代化的发展又能有效解决工业化和产业化进程中出现的一系列问题。准确把握“三化”协调发展的内在机制，有利于走健康、持续发展的建筑产业现代化之路。

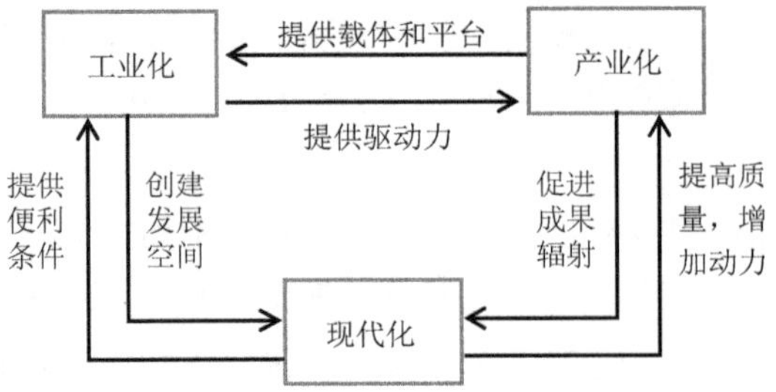

图 1.5 “三化”关系图

1.3.2 建筑产业现代化的基本内涵

建筑产业现代化是以发展绿色建筑为方向,以新型建筑工业化生产方式为手段,以住宅产业现代化为重点,以“标准化设计、工厂化生产、装配化施工、一体化装修、信息化管理、智能化运行”为主要特征(见图 1.6)的高级产业形态及其实现过程。建筑产业现代化包括以下基本内涵。

图 1.6 建筑产业现代化特征示意图

①建筑生产工业化(工业化):用现代工业化的大规模生产方式代替传统的手工业生产方式来建造建筑产品。其基本内容包括:建筑设计标准化,部品生产工厂化,现场施工装配化和精益化,产品供应成品化(结构装修一体化),从业人员专业化。

②产业链组织集成化(集成化):使用综合集成的方法对工程全寿命周期的参与者进行组织,实现资源配置的最优化。其基本内容包括:产业链结构完整化,产业组织协同化,产业布局合理化,产业生产规模化。

③管理手段和产品信息化(信息化):使用信息技术进行辅助管理,提高建筑产品的性能。其基本内容包括:政府监管和企业管理信息系统的建立，BIM(建筑信息模型)、智能化物联网等先进信息技术在建筑生产过程和产品中的应用。

④建筑生产过程和建筑产品绿色化(绿色化):提高建筑产业的环境友好度,实现建筑产业的“绿色发展、循环发展、低碳发展”。其基本内容包括:建筑生产和使用过程中资源利用的集约化,环境影响的最低化,建筑产品的节地、节能、节水、节材,室内环境环保健康,室

外环境和谐友好。

⑤建筑全寿命周期价值最大化（价值最大化）：建筑产业实现全寿命周期的优化和价值增值。其基本内容包括：全寿命周期质量的提高和成本的降低，产品使用功能的完善化、舒适化和智能化，利益相关者的满意等。

实现“五化”是一个渐进的过程，其中工业化是核心和基础，集成化和信息化是发展手段，工业化与信息化之间高度融合，绿色化和价值最大化是发展目标和发展结果。

建筑产业是一个大产业概念。从产业建设项目构成上看，建筑产业现代化包括以建筑工业化为基础的住宅建筑产业、工业建筑产业、公共建筑产业、基础设施产业等的现代化。从产业链构成上看，建筑产业现代化包括以标准化设计为基础的规划设计业、以集成应用为基础的房地产开发业、以建筑工业化为基础的建筑业、以部品建材生产为基础的装备制造业以及物流运输业等全产业链的现代化，从而使整个建筑产业链达到或超越国际先进水平。

1.4　建筑产业现代化的发展定位和优势

建筑产业现代化是建筑产业从手工劳动走向机械化操作，从简单工艺走向复杂工艺，从个人的直接经验走向依靠科学技术，从低产出走向高效率，从粗放型管理走向集约化管理的过程；从企业经营的角度看，建筑产业现代化是从小规模走向大规模，从单一生产走向多元化经营，从封闭走向全球化开放的过程。现代化建筑产业与传统建筑产业的区别见表 1.2。

表 1.2　现代化建筑产业与传统建筑产业的区别

内容	现代化建筑产业	传统建筑产业
产业构成	产业链全过程	以施工阶段为主
产业组织	一体化、集约化、协同化经营	缺乏合作、低端竞争
生产组织	集成化、全过程管理	各个阶段人为割裂、脱节
生产技术	标准化、集约化、集成技术	相对独立、单一
生产手段	工厂化、装配化、信息化	以低价劳动力、现场手工作业为主
生产要素	统一、协调、有机的整体	自行投入、相对独立
生产目标	追求项目 / 产业链整体利益	追求企业各自的利益

1. 建筑产业现代化的发展定位

从上述研究和分析可知，建筑产业现代化的发展定位包括以下几方面。

①理念：以人为本、绿色发展、智能发展、可持续发展。

②标杆：世界先进水平。

③核心：推进建筑工业化，完善建筑产业链。

④重点：现阶段以住宅产业现代化为重点。

⑤手段：信息化助推建筑产业现代化。

⑥任务：实现建筑业转型升级，打造产业核心竞争力。

⑦目的：发展绿色建筑，提升建筑品质和性能，实现建筑价值最大化（社会价值：降低社会影响，提高从业人员素质；经济价值：提高劳动生产效率与科技进步贡献率，降低建筑成本；环境价值：降低资源、能源消耗，减轻环境污染程度等）。

2. 建筑产业现代化的优势

建筑产业现代化是以“标准化设计、工厂化生产、装配化施工、一体化装修、信息化管理、智能化运行”为主要特征的新型生产方式，克服了传统建筑业资源浪费多，环境破坏大，质量、成本、进度不可控，产业链集成度低，信息化程度不高等缺点，因此具有明显的优势。现代化建筑产业与传统建筑产业相比具有巨大优势，具体体现见表 1.3。

表 1.3　现代化建筑产业相较于传统建筑产业的优势

现代化建筑产业	传统建筑产业
无质量通病	品质、质量不稳定
低能耗、低污染	能耗、污染高
生产效率高	生产效率低
管理信息化	管理相对落后
安全事故减少	安全事故频发
劳动强度小、作业条件好	劳动强度大、作业条件差
以产业链的方式集成组织	产业组织复杂
合作共赢、交易成本低	恶性竞争、交易成本高

3. 建筑产业现代化与相关概念的关系分析

在当前建筑产业界，政府、企业和学者先后提出了建筑工业化、住宅产业现代化、绿色建筑、成品住房等相关概念，并在实践中加以试验、示范和推广应用，但这些概念容易与建筑产业现代化的概念混淆，不利于对建筑产业现代化概念的准确理解和示范实践，因此需要对相关概念关系进行区分和辨析。

①建筑工业化包含建筑部品、构件的标准化，建筑生产过程各阶段的集成化，部品生产和施工过程的机械化，建筑部品、构件生产的规模化，建筑施工的高度组织化与连续性，与建

筑工业化相关的研究和试验。

②住宅产业现代化是指在住宅生产、经营活动中，引入先进科技与现代组织管理方式，采用工业化、产业化、社会化、信息化方式生产住宅，降低成本，提高劳动生产率，满足经济、适用、环保、节约资源、安全的需求，全面提升住宅的综合性能与质量，实现绿色节能的过程。其主要特征为住宅设计标准化、部品部件生产工厂化、施工装配化、土建装修一体化、管理服务科学化、生产经营社会化。

③绿色建筑是指在建筑的全寿命周期内，最大限度地节约资源（节能、节地、节水、节材）、保护环境和减少污染，为人们提供健康、适用和高效的使用空间，与自然和谐共生的建筑。

④成品住房是指在出售前，满足人们起居、卫生、饮食、学习等基本生活需求的功能空间一次合理设计并设置完成，水、电点位及设备所需配套端口一次设计并安装到位，顶棚、墙面、地面全部粉刷、镶嵌、铺装完成，厨房和卫生间的必要设备及用具安装完成，入住后能直接使用的住宅。

从以上定义和分析可以看出，建筑产业现代化与建筑工业化、住宅产业现代化、绿色建筑、成品住房等的关系表现在以下几方面。

①高度统一的关系：建筑产业现代化不是凭空产生的，不是无源之水，其与建筑工业化、住宅产业现代化、绿色建筑、成品住房等是高度统一的关系，它们的目标是一致的，建筑产业现代化是对建筑工业化、住宅产业现代化、绿色建筑、成品住房等的高度概括和凝练，是对建筑产业未来发展的顶层设计。

②深入递进的关系：建筑产业现代化是在建筑工业化、住宅产业现代化、绿色建筑、成品住房等基础上更加深入和广泛的概念，反映了产业发展的内在要求和必然规律。

建筑产业现代化和建筑工业化、住宅产业现代化、绿色建筑、成品住房等概念的关系见图 1.7。

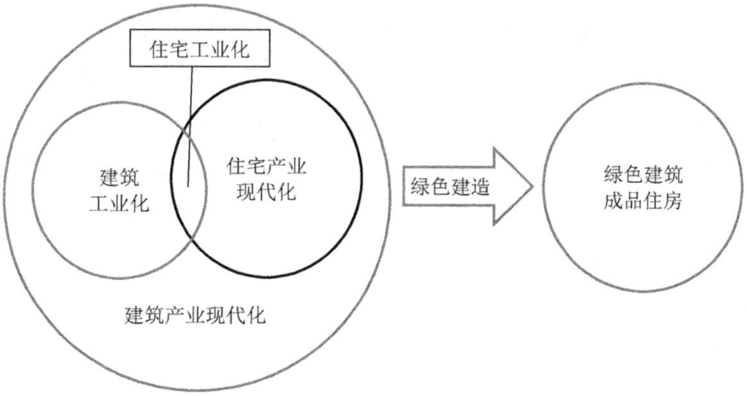

图 1.7 概念关系图

技术提示

本书将建筑产业现代化定义为将现代科学技术和管理方法应用于整个建筑产业，以工业化、信息化、产业化的深度融合对建筑全产业链进行更新、改造和提升，为社会和用户提供性能优良的绿色建筑产品，实现建筑产业转型升级，打造产业核心竞争力，使整个建筑产业达到或超越国际先进水平的高级产业形态及其实现过程。

建筑产业现代化的意义主要从三方面阐述：首先是建筑业转型升级的需要；其次是可持续发展的要求；最后是新型城镇化建设的需要。

建筑产业现代化是以建筑工业化为基础的住宅建筑产业、工业建筑产业、公共建筑产业、基础设施产业等的现代化。它是以发展绿色建筑为方向，以新型建筑工业化生产方式为手段，以住宅产业现代化为重点，以“标准化设计、工厂化生产、装配化施工、一体化装修、信息化管理、智能化运行”为主要特征的高级产业形态及其实现过程。

基础训练

一、填空题

1. 住宅产业现代化是指在(　　　)、经营活动中，引入先进科技与现代组织管理方式，采用(　　　)、(　　　)、(　　　)、信息化方式生产住宅，降低成本，提高劳动生产率，满足经济、适用、环保、节约资源、安全的需求，全面提升住宅的综合性能与质量。

2. 绿色建筑是指在建筑的全寿命周期内，最大限度地节约资源((　　　)、(　　　)、(　　　)、(　　　))、(　　　)和(　　　)，为人们提供健康、适用和高效的使用空间，与自然和谐共生的建筑。

3. 建筑产业是指围绕各种(　　　)、(　　　)、(　　　)、(　　　)、(　　　)、(　　　)、(　　　)、(　　　)以及公共设施等建筑物和构筑物等建筑产品而展开的开发、设计、咨询，建筑材料生产，设备成品、半成品的(　　　)、(　　　)和(　　　)等不同分工的生产经营行业的总称，其最终目的是提供具有一定使用功能的建筑产品和设施。

4. 建筑工业化包含建筑部品、构件的(　　　)，建筑生产过程各阶段的集成化，部品生产和施工过程的(　　　)，建筑部品、构件生产的(　　　)；建筑施工的(　　　)与连续性，与建筑工业化相关的研究和试验。

5. 建筑产业现代化是以“(　　　)、(　　　)、(　　　)、(　　　)、(　　　)、(　　　)”为主要特征的新型生产方式。

二、简答题

1. 大力发展建筑产业现代化有哪些重要意义？

2. 什么是建筑产业？建筑产业主要包括哪些方面？

3. 试述建筑产业现代化的概念。

4. 试述建筑产业现代化的基本内涵。

5. 试述建筑产业现代化与建筑工业化、住宅产业现代化的关系。

第2章　建筑产业现代化发展历程

知识目标

1. 了解国外建筑产业现代化发展状况。
2. 了解国内建筑产业现代化发展状况。
3. 了解与装配式建筑相关的国家标准规范。

职业目标

适应建筑行业中装配式建筑发展的需求，了解各地方装配式建筑的发展目标和方针政策。

学习课件

扫一扫

本章课件

2.1　国外建筑产业现代化发展概况

国外的建筑产业现代化始于欧、美、日等发达国家和地区，以住宅产业现代化为主要特征，在住宅全寿命周期中，引入现代科技成果与管理方式，采用现代工业化生产方式生产住宅，提高劳动生产率，降低建造和运营成本，满足节能、节水、节材、节地和环保的要求，全面改善了住宅的使用功能和居住质量，其发展过程大致可以分为三个阶段。

①形成初期：20 世纪 50 至 60 年代，这一阶段的重点是建立了工业化生产体系。第二次世界大战以后，大量军人的复员和婴孩出生率的激增带来了巨大的住房需求，由此推动了以解决房荒为重点的规模化、工业化住宅生产。

②发展期：20 世纪 70 至 80 年代，住宅短缺问题得到缓解，人们已不再满足于有房可住，而是要求居住得更舒适、更合意，为此政府制定了各种技术性指标，住宅建设的重点转移到提高住宅质量和性能。

③成熟期：20 世纪 90 年代，受两次能源危机的影响，人们的生态环保意识增强，各国纷纷提出城市和建筑的可持续发展，将重点转向降低住宅生产和使用过程中的能耗、物耗，减少对环境的负荷，强调资源的循环利用，倡导可持续发展。

目前，在发达国家的住宅建设中，完全的工厂化住宅已经占据很大的市场比例，日本已经达到 20%~25%，美国为 31%，瑞典则高达 60% 以上，建筑产业现代化已经成为国际建筑产业发展的基本趋势。

2.1.1　美国

美国的建筑产业现代化是伴随着建筑市场的发育而逐渐成熟的。由于地广人稀，美国建筑产业现代化的发展历程明显不同于其他国家的产业化发展道路。

1. 发展历程

1900 年，美国研制出一套能生产较大的标准钢筋混凝土空心预制楼板的机器，并用这套机器制造的标准构件组装房屋，实现了建筑工业化。

20 世纪 30 到 40 年代，由于工业化和城市化进程的加快，城市住宅的需求量剧增，需要建造大批住宅。而当时又处于经济萧条时期，为扩大内需、刺激经济的发展，美国政府制定了促进住房建设和解决中低收入者住房问题的政策和制度。通过建立住宅抵押贷款制度和担保制度鼓励私人建房、购房以及使用联邦资金建公用房的政策，美国政府促进了建筑工业化的发展，使住宅建造走向大生产阶段。

1968 年，美国通过《住宅与城市发展法案》(*Housing and Urban Development Act*)，计划

在 1968—1978 年建造 2 600 万套住宅，其中 600 万套面向低收入与中等收入群体，同时扩大公共房屋财政支出，为了防止贫民窟形成，鼓励建造分散的低层住宅单元，鼓励开拓解决住宅问题的新途径。同年，政府开始实施突破行动（Operation Breakthrough），鼓励企业进行工业化住宅研发，建立示范基地，促进大规模工厂化制造住宅产品，旨在将分散的生产资源与市场集中起来，这一行动标志着政府开始主导与推进住宅工业化。

1976 年，美国住宅和城市发展部发布《国家工业化住宅建造及安全标准》，以此规范和促进工业化住宅的生产。同年通过的《国家工业化住宅建造及安全法案》（*National Manufactured Housing Construction and Safety Act*），成为美国住宅产业发展历程中的里程碑，规范了工业化住宅的生产与销售，促进了工业化住宅的社会化生产，也保障了消费者权益。

2001 年，美国的工业化住宅已经达到 1 000 万套，占美国住宅总量的 7%，为 2 200 万美国人解决了居住问题。2007 年，美国的工业化住宅总值达到 118 亿美元，每 16 个人中就有 1 个人住的是工业化住宅。

在美国，工业化住宅已成为非政府补贴的经济适用房的主要形式，因为其成本还不到非工业化住宅的一半，对于低收入、无福利的购房者，工业化住宅是其主要选择之一。据统计，美国 70% 的工业化住宅建造在私有房主的土地上，另外的 30% 建在租用地或是他人（包括亲戚和朋友）的土地上（见图 2.1）。

图 2.1　美国洛杉矶某装配式住宅

2. 美国建筑产业现代化发展的特点

美国建筑产业现代化发展的特点主要体现在以下几方面。

①建立住宅的差异化销售政策，首先对住宅产品进行定位分析，确定其购买对象是富裕人群、中产阶层还是贫困阶层，向富裕人群提供高档商品住宅，向中产阶层提供一般住宅，向贫困阶层提供集中居住的保障性住宅（见图 2.2 和图 2.3）。

图 2.2　美国某装配式住宅

图 2.3　美国某装配式住宅（板式结构）

②利用财政预算保障销售低利润住宅产品的开发商的利益，对其机会成本给予一定的经济补偿。

③制定严格的价格政策，根据地域等因素的不同，限制一般住宅和保障性住宅的价格，确保其在非富裕人群的承受范围内。

④重视产业化住宅开发商科技研发实力的提升，在企业中进行新技术推广，促进企业和国内优秀科研院校合作，加快新建造工艺、设备和建筑材料的更新速度，提高整个社会的参与程度，使住宅产业现代化在全国范围内蓬勃发展。

⑤尊重市场经济体制，利用发达的金融系统与金融体制来促进个人与企业依据自己的情况积极解决住宅问题。

⑥在产业化住宅的建设上，以低层木结构小型住宅公寓为主流产品，建造过程中更加注

重住宅的舒适性和个性化要求。

⑦住宅部品和构件基本已经实现社会化大生产，在市场上形成了一系列较为成熟的标准化产品体系，消费者能够根据供应商提供的产品目录和自身喜好进行菜单式选择，然后委托专业的建筑安装企业进行现场拼装建设。

经过几十年的发展，美国建筑产业现代化已经达到非常高的水平，主要表现在：主体结构构件的通用化；各类制品和设备的社会化生产和商品化供应。

由于美国国土面积较大，人口密度较低，人均土地资源相对丰富，因而美国的产业化住宅基本上是以低层木结构的独立式小型住宅公寓为主。与美国相比，我国虽然土地资源较为丰富，但由于人口基数大，人均土地资源明显偏低，美国的住宅产业现代化建造模式在我国并不具备大规模推广的条件，但仍然可以借鉴其较为成熟的部品生产技术和经验，促进我国住宅部件市场的发展。

2.1.2 欧洲

第二次世界大战结束后，由于战争对原有建筑的破坏和恢复期的人口迅速增长，欧洲国家普遍出现了较为严重的缺房现象，各国亟须在短时期内生产大量住宅建筑，满足民众的住房需求。因此，欧洲各国先后建立了一批完整、系列化、标准化的住宅生产体系，希望借助工业化来提升住宅建造效率。从后期的实施效果看，欧洲这一时期的建筑产业现代化不仅解决了民众的居住问题，而且对这些国家的战后经济复苏起到了关键作用。图 2.4 所示是第二次世界大战后大规模重建背景下以柯布西耶模数系统标准化为基础的居住单元系列建筑。

图 2.4　居住单元系列建筑（1952 年）

瑞典是欧洲国家发展建筑产业现代化的杰出代表，同时也是目前实现建筑产业现代化建造比例最高的国家，其 60% 的产业化住宅是以通用部件为基础建造的。与美国类似，瑞典的工业化住宅多为独户公寓式住宅，该种住宅及其部件已成为瑞典的重要出口产品，20

世纪 80 年代以后，前期的建筑产业现代化目标已经基本实现，住宅供给已经能够满足民众的基本需求，这时欧洲的建筑产业现代化出现了一些新的变化，开始向提升住宅性能和满足多样化需求的发展目标迈进，瑞典建筑产业的先进性主要表现在以下方面。

1. 在较完善的标准体系基础上发展通用部件

在 20 世纪 40 年代，瑞典就着手建筑模数协调的研究，从 20 世纪 50 年代开始在法国的影响下推行建筑工业化政策，并开发了大型混凝土预制板的工业化体系，大力发展以通用部件为基础的工业化通用体系。在 50 到 70 年代的大规模住宅建设时期，建筑部件的规格化逐步纳入瑞典工业标准（SIS）。1960 年瑞典颁布《浴室设备配管标准》，1962 年颁布《门扇框标准》，1967 年颁布《主体结构平面尺寸标准》和《楼梯标准》，1968 年颁布《集合式住宅竖向尺寸标准》及《隔断墙标准》，1969 年颁布《窗扇、窗框标准》，1970 年颁布《模数协调基本原则》，1971 年颁布《厨房水槽标准》，等等，基本形成了集合式住宅各部件的规格、尺寸通用体系并实现了模数协调。部件的尺寸、连接等的标准化、系列化为提高部件的互换性创造了条件，不但使通用体系得到较快的发展，而且节材、节能，使瑞典住宅产业逐步走上了可持续发展的住区模式。

2. 依靠建筑技术的先进性拓展全球市场

瑞典住宅建设不仅解决了本国居民的居住问题，而且以其先进性打入国际市场，对瑞典 20 世纪 60 至 70 年代的经济腾飞起到了巨大作用，并且延续到现在。瑞典褚红色的小木屋等独立式住宅，在全世界闻名遐迩，其独立式住宅建造业十分发达，与其他西方国家一样，长期以来瑞典以一户或两户的独立式住宅为主，90% 以上的独立式住宅是用工业化方法建造的，瑞典的工业化住宅率是全球最高的。它不仅仅为本国生产住宅，全欧洲都在瑞典订购住宅，瑞典住宅工厂生产线的科技含量很高，生产出来的产品工业化程度高、生产技术先进、质量好、性能高、材料精致、加工精度高。瑞典的 50 多个工业化住宅公司中，有 12 家大型住宅公司，它们向德国、奥地利、瑞士、荷兰以及中东、北非等出口工业化住宅。

3. 政府通过标准化和贷款制度推动建筑工业化

早在 20 世纪 40 年代，瑞典政府就委托建筑标准研究所研究模数协调，后来又由建筑标准协会（BSD）开展建筑标准化方面的工作，瑞典政府为了推动住宅建筑工业化和通用体系的发展，1967 年制定《住宅标准法》，规定所建住宅如果使用符合瑞典国家标准等建筑标准的建筑材料和部品，实现住宅的标准化、模数化，该住宅的建造就能获得政府的贷款。政府还为低收入阶层和老年人提供住宅补贴，并支持非营利性机构提供住宅低息贷款和利息补贴。

4. 建筑工业化为瑞典形成成熟的居住发展模式奠定了基础

近 15 年来，尽管瑞典住宅每年的建设量不足 30 000 套，有大约一半是工厂制造好、到现场拼装的独立式小住宅，成规模的集合式住宅项目并不多，但这些项目都由瑞典政府主导，确保新建的住区成为生态节能型住宅的典范，并吸引全球的人士前往参观，向各国展示其可持续发展的理念和技术，这促进了瑞典住宅产业对国际市场的拓展。

从 20 世纪 80 年代开始，瑞典建筑工业化发展逐步走向成熟，建筑工业化的重点逐步转移到提高建筑质量和性能上（见图 2.5）。90 年代以来，瑞典建筑工业化平稳发展，瑞典政府鼓励私人建造商和各地市政府主管机构建造与环境和谐的高性能住宅，以继续保持其在建筑工业化方面的领先地位，将工业化住宅和先进技术、产品出口到世界各地。

图 2.5　瑞典斯德哥尔摩登陆号酒店

为了实现可持续发展，瑞典最大的住宅银行于 1995 年宣布只向生态住宅开发商贷款，自 1998 年起瑞典政府开始专门拨款用于资助可持续发展项目，1998—2002 年期间政府拨款达 62 亿瑞典克朗（合 50 多亿元人民币），目前瑞典仍然是全球建筑工业化率最高的国家。此外，法国、德国、丹麦等国家在建筑工业化发展中也处于领先地位。图 2.6 为德国的装配式建筑——开姆尼斯城市剧院。

图 2.6　开姆尼斯城市剧院

2.1.3　日本

日本的建筑产业现代化是在满足住宅市场需求、提高住宅品质的过程中逐步发展起来的。与欧洲市场相似，第二次世界大战后日本面临的最大问题就是住房紧缺，为了解决房荒问题，日本政府开始采用工厂生产住宅的方法进行大规模的住宅建造。

1. 发展历程

20 世纪 60 年代，日本的原有住宅受到战争破坏，导致住宅存量偏低；同时，由于经济不断恢复和社会逐渐稳定，日本国内人口出现了较为明显的增长，进而带动了日本住宅需求的急剧增加，但与需求急剧增加相矛盾的是，住宅市场供给受限于建筑技术人员和熟练工人的匮乏，供应严重不足，为了解决这一矛盾，日本提出了对住宅实行部品化、批量化生产的产业化战略，提出发展住宅产业的三大步骤：掌握现在与将来的住宅结构；推进标准化工作；寻求适当的住宅生产与供应体系。

1960—1973 年，为了满足人们的基本需求，减少现场工作量和工作人员，缩短工期，日本建设省制定了一系列住宅工业化方针、政策，并组织专家研究建立统一的模数标准，逐步实现了标准化和部件化。

1966 年，日本制订新住宅建设五年计划，规定在新建住宅中工业化住宅（指预制构件住宅）所占比例达到 15%；同年，建设省发布《住宅建设工业化基本设想》，其目标为进行建筑材料和构配件的工业化生产，使施工现场作业转移到工厂，从而提高生产效率。

通产省重工业局于 1968 年首次提出工业化住宅概念，其含义有三点：一是资金和技术高度集中；二是大规模生产；三是社会化供应。其主要思想是用工厂化和社会化大生产方式代替传统半手工、半机械的住宅建设方式，通过实现产业化，达到提高劳动生产率和建筑质量、降低成本、节省能源消耗、缩短工期、减轻劳动强度等目的。1969 年，日本制订了推动住宅产业标准化五年计划，提出住宅性能标准，材料、设备标准及结构安全标准。20 世纪 70 年代，日本掀起了建筑工业化的热潮，大企业联合组建集团进入建筑产业，在技术上产生了盒子住宅和单元住宅等多种形式。为了保证建筑质量和功能，日本建立了工业化住宅质量管理优良工厂认定制度，制定了《工业化住宅性能认定规程》。在这一时期，日本开始实施住宅技术方案竞赛制度，根据不同时期的居民需求确定竞赛内容，其实质为技术开发的一种方式，同时制定了住宅性能标准，开展“住宅性能综合评价体系”研究，开始定量评价住宅性能。这一时期，工业化生产的住宅占竣工住宅总数的 10% 左右。图 2.7 所示日本中银舱体大楼是这一时期的建筑代表作之一。

1982 年，日本政府在《今后的住宅产业及应采取的政策措施》中提出，建立部件化生产体系，以应对以下几方面的变化：住宅建设从数量上的增加转向质量上的提高；住宅产业从新建转向改造；城市环境恶化；居民生活方式发生变化，集合式住宅增加。1985 年后日本进入高品质住宅阶段，绝大多数住宅采用工业化部件，其中工厂化生产的装配式住宅约占 20%。

1990 年，日本推出了采用部件化、工业化生产方式，高生产效率、住宅内部结构可变、适应居民多种不同需求的“中高层住宅生产体系”，例如图 2.8 和图 2.9 所示住宅体系。该时期采用工业化生产方式建造的住宅占竣工住宅总数的 25%~28%。

图 2.7　日本中银舱体大楼

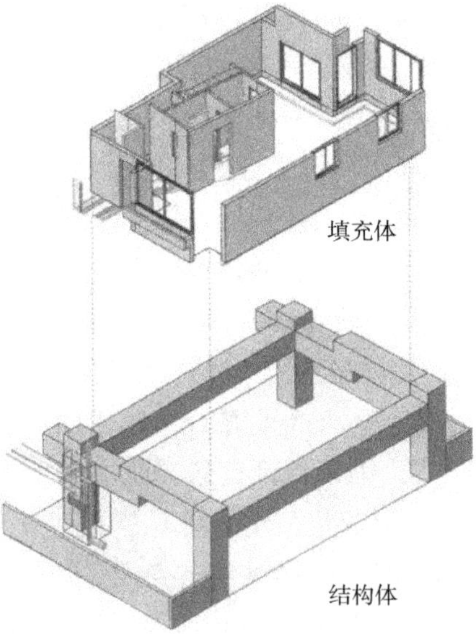

图 2.8　日本住宅产业化 KSI 体系住宅

2000 年，日本通过了《住宅品质确保促进法》，建立住宅性能表示制度，将住宅性能认定的标准和方法从工业化住宅扩展到所有住宅。2000 年后，日本开始注重长寿住宅的建设，提出了百年住屋计划。

日本也是率先在工厂车间里生产住宅及住宅部件的国家之一，部品化率普遍要求达到 60%，大型企业则要求达到 85%。由于日本地震非常频繁，抗震的轻钢结构工业化住宅约占全部工业化建造住宅的 80% 左右，经过长期摸索形成了盒子式、单元式、壁板式等具体结构形式。

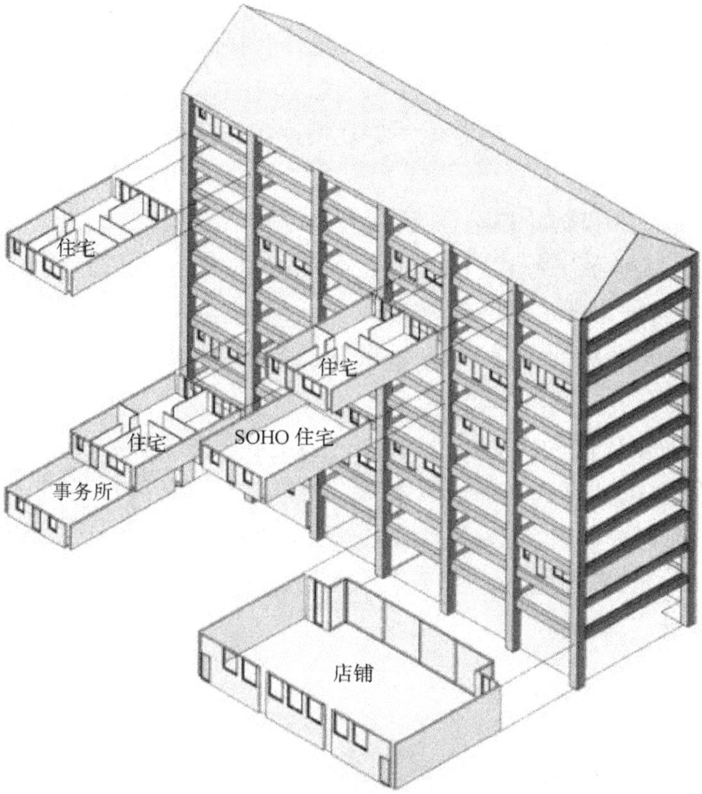

图 2.9　日本住宅体积

2. 日本建筑产业现代化的特点

日本建筑产业现代化的发展离不开政府的强力支持，其以住宅工业化为主要特征，以住宅建设五年计划为框架，以立法、标准、住宅性能认定制度与住宅部品认定制度为基础，辅以产业、财政、税收政策，构成了住宅工业化发展的良性体系。

住宅建设五年计划是由《住宅建设计划法》规定的。日本全国十个地区分别制订自己的住宅建设五年计划，然后各都、道、府、县再以此为基础制订当地的计划，形成一个计划系统。在计划中制定住宅发展目标，人均住宅居住标准，公营住宅、公团住宅建设数量，新技术应用等内容。与《住宅建设计划法》相配套，日本还开展了“居住实态调查”与预测工作。其主要指标有建设完成情况，居住水平状况，住房产权情况，不同住宅结构建造情况，住宅产业影响、带动相关产业发展情况等。调查与预测工作成为政府制定住宅政策的基础。除了住宅建设五年计划，住宅生产工业化促进补贴制度、住宅体系生产技术开发补助金制度与新部品研发的低息贷款有效促进了新技术的研发，提高了企业利润，降低了风险。

日本推行建筑产业现代化的特点主要体现在以下几方面。

①负责统一的管理和决策，早期的住宅产业结构设计工作由通产省领导，而技术开发工

由建设省领导，比较复杂的决策工作由咨询单位提出问题和方案，最终由大臣决定。

②明确发展目标，采取“五年规划”的模式，每个周期明确若干个住宅产业现代化科技攻关项目，不断地提高全国产业化住宅的科技含量，同时强调住宅与人的结合，使其在设计、节能、环保和智能方面体现出较强的整体性和生态适应性。

③保证常年的财政拨款，支持产业化住宅开发企业进行高新技术的研发，保障企业在市场上的领先地位，使其充满活力。

④将住宅的标准化和模数化相结合，使两者能相互匹配。

⑤在建立标准时，充分考虑住宅的实用性，将住宅的安全性、舒适性和美观性等指标融入标准中，使标准尽可能地满足使用者的需求。

⑥建立产业化住宅产品的评价体系，对每个已经完工的项目进行后评估，采用分级认证的方法，评选优秀项目，并对其给予奖励。

日本的建筑产业现代化进程之所以如此之快，主要得益于其积极培育大型住宅产业集团的发展战略。在日本，所谓住宅产业集团，是指“以住宅为最终产品，集住宅投资，产品研究开发、设计，构配件部品制造、施工和售后服务于一体的住宅生产企业，是一种智力、技术、资金密集型，能够承担全部住宅生产任务的大型企业集团”。日本的这种住宅产业集团发展模式对我国很有借鉴意义。

2.1.4 新加坡

20 世纪 60 年代，新加坡政府面临住房、就业和交通三个难题，其中住房问题最为突出。1960 年 2 月，新加坡成立了建屋发展局，开始全面负责公共住房的建设，经过半个多世纪的努力，新加坡共建造了 100 万套组屋，90% 的新加坡人拥有了自己的住房。新加坡的建筑工业化在组屋的建设中得到发展，其经历了三次尝试终于取得了成功。

第一次尝试：为解决房荒问题，新加坡建屋发展局于 20 世纪 60 年代开始尝试推行建筑工业化，用工业化的施工方法进行住宅建造。1963 年，为了研究大板预制体系对当地条件的适应性，弥补传统建筑施工方法低效率的缺陷，新加坡建屋发展局尝试使用法国“Brats”大板预制体系建造 10 幢楼房，由于该项目在实施过程中遇到许多问题，如现场和工人的管理问题、财务问题以及承包商缺乏经验等，项目最终失败。

第二次尝试：1973 年，为了加快住宅建设速度，减少劳动力的使用数量并从预制技术中获得效益，新加坡建屋发展局签订了采用丹麦的 Larsena & Nielsen 大板预制体系建造 8 820 套公寓住宅的合同。由于当时新加坡处于建筑工业化的发展初期，该项目的建造费用比使用传统的建造方法高 16.7%，承包商为此建立了一个生产预制混凝土构件的工厂，但是由于承包商的管理方法不适应当地的条件，建材价格上升，导致财务危机加重，最终导致项目的失败。

第三次尝试：1981 年和 1982 年，新加坡建屋发展局开始在公共住宅项目即组屋建设中推行大规模的工业化建设（见图 2.10 和图 2.11）。为了找到适合新加坡本国国情的工业化建筑方法，建屋发展局分别和澳洲、法国、日本、韩国和新加坡本地的 6 家承包商签订了 6 个合约，并分别要求采用 6 种不同的建筑系统。

图 2.10 新加坡皮克林宾乐雅酒店外观

图 2.11 新加坡皮克林宾乐雅酒店结构

通过对工业化建筑方法的评估，新加坡决定采用预制混凝土组件进行组屋建设，如外墙、垃圾槽、楼板及走廊护墙等，并配合使用机械化模板系统，新加坡的建筑工业化由此开始稳步发展。随着这几个工业化项目的完成，建屋发展局把重点从大规模的工业化转向小量灵活的预制加工，随着预制技术优越性的显现，私人部门也越来越多地运用工业化建筑方法。

2.2 中国建筑产业现代化发展概况

2.2.1 发展回顾

1956 年 5 月 8 日，国务院出台《关于加强和发展建筑工业的决定》，这是我国最早提出走建筑工业化的文件，文件指出：为了从根本上改善我国的建筑工业，必须积极地、有步骤地实现工厂化、机械化施工，逐步完成对建筑工业的技术改造，逐步完成向建筑工业化的过渡。

20 世纪 80 年代以后，全国建筑工业化的试点工作主要围绕以大板建筑为重点的墙体改革，在管理体制、设计标准化、构件装配生产工厂化、施工机械化等方面进行了一系列的改革，取得了一定成效，为我国大力发展建筑工业化积累了宝贵的经验。

直到 20 世纪 90 年代初，我国工业化建筑技术仍没有得到实质性的提高，建筑工业化水平几乎处于停滞状态。1994 年国家“九五”科技计划，“国家 2000 年城乡小康型住宅科技产业示范工程”中系统化地制定了中国住宅产业化科技工作的框架。

1995 年，建设部发布了《建筑工业化发展纲要》。根据现行规范标准，工业化建筑体系是一个完整的建筑生产过程，即把房屋作为一种工业产品，根据工业化原则生产，是包括设计、生产、施工和组织管理等在内的与建造房屋全过程配套的一种方式。工业化建筑体系分为专用体系和通用体系两种。工业化建筑的结构类型主要为剪力墙结构和框架结构，施工工艺的类型主要为预制装配式、工具模板式以及现浇与预制相结合式等。建设部于 1996 年出台了《住宅产业现代化试点工作大纲》，并于 1998 年 7 月专门组建了住宅产业化促进中心，其负责推进我国住宅产业领域的技术进步和现代化建造工作。

1999 年，国务院下发的《关于推进住宅产业现代化提高住宅质量的若干意见》（国办发〔1999〕72 号），成为推进我国住宅产业现代化的纲领性文件，文件明确规定了我国实施住宅产业现代化战略的指导思想、主要目标、工作重点和实施要求。在此纲领的指引下，我国在建筑产业现代化领域取得了很大进步。

2000 年，启动"国家康居住宅示范工程"，以住宅小区为载体，以推进住宅产业现代化为总体目标，通过示范小区引路，开发、推广应用住宅新技术、新工艺、新产品、新设备，提高住宅建设总体水平，从而带动相关产业发展，拉动国民经济增长。"国家康居住宅示范工程"项目在建造过程中积极贯彻国家"节能、节地、节水、治污"的方针和可持续发展理念，采用新型建筑结构体系，在小区的整体规划设计和科技应用水平上均发挥了很好的示范作用。2001 年，由建设部批准建立的"国家住宅产业化基地"开始试行。

2004 年，在中央经济工作会议上，总书记明确指出，要大力发展"节能省地型"住宅，全面推广和普及节能技术，制定并强制推行更严格的节能、节材、节水标准。2005 年，政府工作报告中明确提出，住宅产业化的目标是要生产出"节能省地型"的住宅。

2006 年 6 月，建设部下发《国家住宅产业化基地试行办法》（建住房〔2006〕150 号）文件，"国家住宅产业化基地"开始正式实施，建立国家住宅产业化基地是推进建筑产业现代化的重要措施，其目的是通过产业化基地的建立，培育和发展一批符合建筑产业现代化要求的产业关联度大、带动能力强的龙头企业，发挥其优势，集中力量探索住宅建筑工业化生产方式，研究、开发与其相适应的住宅建筑体系和通用部品体系，建立符合住宅产业化要求的新型工业化发展道路，促进住宅生产、建设和消费方式的根本性转变。通过国家住宅产业化基地的实施，进一步总结经验，以点带面，全面推进建筑产业现代化。"国家住宅产业化基地"主要分为三种类型，即开发企业联盟型（集团型）、部品生产企业型和综合试点城市型。

近几年来，建筑产业现代化得到了迅速的发展，陆续建成了一批代表性建筑，图 2.12 所示上海宝业中心就是其中之一。2011 年，江苏省、沈阳市被确立为建筑产业现代化试点省市，发挥了试点省市在建筑产业现代化发展中的示范引领作用。2014 年，国务院办公厅出台了《关于大力发展装配式建筑的指导意见》，2016 年，住房与城乡建设部出台了《关于推进建筑业发展和改革的若干意见》。同时，各个省市结合自身情况也出台了相关文件推动建筑产业现代化的快速发展。此外，国家积极支持和鼓励高等院校和科研单位针对建筑产业现代化中的关键问题开展研究。

图 2.12　上海宝业中心

2.2.2　发展现状

1. 发展模式

近年来，我国在建筑产业现代化的进程中不断探索，取得了一些成绩，并初步形成了以下三种发展模式。

①企业主导型。企业通过成立研究中心或者与科研单位合作，自主研发和推广建筑产业现代化，该模式以万科、远大集团等典型企业为代表，如万科采用建筑产业现代化的建筑总面积已超过 1 300 万平方米。

②政府主导型。政府出台相关政策文件，组建相应的工作机构，从政府投资的保障房项目入手，逐步推进建筑产业现代化工作；通过建立产业园区引进建筑产业现代化的优势企业；不断扩大建筑产业现代化技术和产品的应用领域。该模式以沈阳市为代表。

③协同创新发展型。一方面，政府出台建筑产业现代化相关政策，进行各类示范引领；另一方面，建筑产业相关企业积极参与建筑产业现代化实践，并通过与高校等研究机构的合作，开展共性技术、关键技术研发，逐步形成“政产学研”的良性协同创新机制。该模式以江苏省为代表。

2. 标准技术体系

为促进建筑产业现代化快速健康发展，国家从“结构装配化、施工机械化、装修模块化、模数统一化”四个方面构建了建筑工业化标准体系，并按照标准的属性将标准分为综合标准、基础标准、通用标准、专用标准四个层次，使用者可以通过国家工程建设标准化信息网查询。

同时，住房与城乡建设部组织编制了《建筑产业现代化国家建筑标准设计体系（民用建筑）》，该体系按照内装、主体、外围护三部分进行构建，见图 2.13。其中，主体部分包括钢结构，钢筋混凝土结构，钢—混凝土混合结构，木结构、竹结构及其他结构；内装部分包括内墙、地面、吊顶系统，管线集成，设备设施，整体部品等；外围护部分包括轻型外挂式围护系统、轻型内嵌式围护系统、幕墙系统、屋面系统及其他围护系统。该体系主要适用于民用建筑，全装配单层工业厂房现有50余本相关图集，已使用多年，体系较为完整，故该体系未列入。

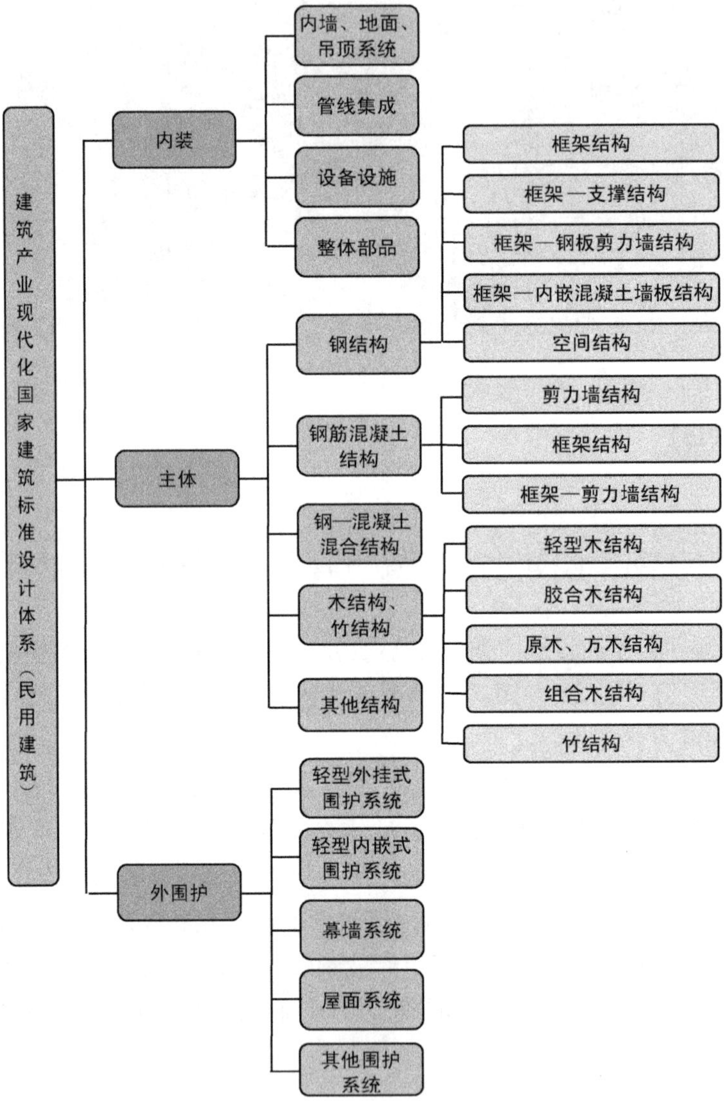

图2.13　建筑产业现代化国家建筑标准设计体系(民用建筑)

3. 政策措施

随着建筑产业现代化的不断推进，我国各地区结合本地区实际情况逐步推出了相关政策措施，主要集中在行政引导、行政强制、行政激励三大方面。

(1)行政引导

行政引导指通过制定行政措施引导本地区建筑产业转型升级，促进建筑产业现代化的发展，主要表现为建立组织领导小组、出台支持政策、开辟行政审批绿色通道等，详见表2.1。

表2.1　我国建筑产业现代化行政引导政策

序号	政策措施	代表省市
1	组织架构：建立组织领导小组	沈阳
2	政策支持：列入住宅产业化项目的保障性住房，由于采用装配式整体住宅方式而增加成本，经核算后计入该项目的建设成本	上海、福建、浙江、四川
3	政策支持：为建筑产业现代化开辟绿色通道	吉林、沈阳、四川、湖南
4	政策支持：在设计收费方面，要提高预制装配式建筑项目设计的收费标准；在招投标方面，要制定针对预制装配式结构设计和施工的定额和工程量清单计价规范；在工程质量管理方面，要制定预制装配式施工的工程质量安装和验收标准	浙江
5	政策支持：可邀请招标	湖南
6	政策支持：在物流运输、交通通畅方面给予支持	湖南
7	加强监管测评：加强部品生产目录管理，开展建筑工业化评价工作	浙江

（2）行政强制

行政强制指通过在保障性住房、政府工程中强制推广建筑产业现代化技术，促进建筑产业转型升级，详见表2.2。

表2.2　我国建筑产业现代化行政强制政策

序号	政策措施	代表省市
1	保障性住房、政府工程：在保障性住房建设和政府工程中鼓励或强制实施建筑产业现代化	北京、浙江、沈阳等
2	装配式技术：在市政、地铁、城市道路建设中推广应用装配式建筑技术，以市政工程标准化建设为目标，在地下管廊、装配式过街天桥、装配式检查井、市政管道等项目中采用装配式建筑技术	沈阳
3	招标投标：在土地招拍挂环节加入建筑产业现代化、全装修比例等相关要求	北京、上海、宁夏、安徽、浙江、沈阳、陕西、四川、湖南

(3)行政激励

行政激励指通过财政支持、税费优惠、金融支持等政策措施促进建筑产业各行业转型升级,详见表2.3。

表2.3 我国建筑产业现代化行政激励政策

序号	政策措施	代表省市
1	财政奖励:对实施装配式施工的项目按照每平方米若干元的标准实行财政奖励或财政补贴	北京、上海、福建、济宁、绍兴、沈阳、陕西、湖南
2	面积奖励:奖励建筑面积、容积率,预制外墙不计入建筑面积等	北京、上海、吉林、福建、宁夏、安徽、浙江、沈阳、陕西、四川、湖南、黑龙江
3	专项基金:返还墙改基金或散装水泥专项基金	吉林、宁夏、浙江、沈阳、陕西、四川、湖南
4	专项基金:建筑节能专项资金资助	上海、浙江
5	性能认定:在城市基础设施配套费方面,对参与住宅性能认定的新建住宅项目,适当予以减免	河北、宁夏、济南、安徽
6	全装修住宅:全装修住宅,按一定比例扣除装修费用后计税	四川、湖南
7	购房奖励:对开发产业化、全装修住宅或绿色建筑的开发商以及购买产业化、全装修商品住宅的购房者,给予(公积金)贷款优惠(包括下浮利率、增加贷款额度和贷款期限等)	吉林、宁夏、安徽、四川、湖南、黑龙江
8	高新技术:将住宅产业化纳入高新技术产业(战略性新兴产业),或鼓励其申报高新技术产业(战略性新兴产业),使其享受高新技术产业政策及相关财税优惠政策	宁夏、浙江
9	高新企业:对符合产业化标准的新材料、新技术、新产品的研发、生产和使用单位,按照税法规定,减免企业所得税	吉林、宁夏、四川
10	金融支持:评价、信用等级方面的支持	安徽、陕西、湖南、黑龙江
11	销售政策:全装修、产业化的住宅项目可优先预售	银川、沈阳

4. 装配式混凝土建筑企业

经过10多年的积累和发展,我国已涌现出一批从事装配式混凝土研究及建筑生产、施工的企业,呈现百花齐放的良好发展态势。

(1)万科集团

万科企业股份有限公司成立于 1984 年，1988 年进入房地产行业，经过 30 余年的发展已成为国内领先的城市配套服务商，公司业务聚焦全国经济最具活力的三大经济圈及中西部重点城市。2016 年公司首次跻身《财富》“世界 500 强”，位列榜单第 356 位；2017 年再度上榜，位列榜单第 307 位。

万科集团从 2003 年开始探索住宅标准化，形成万科标准化部品库。2004 年，公司成立工业化中心，开始了万科工业化住宅的研究工作。2007 年，万科集团第一次向市场交付工业化住宅产品，推广标准化住宅。2007 年 2 月 8 日，万科集团获建设部批准，正式成为国家住宅产业化基地。数年来，万科集团在技术研发方面先后投入数亿元，从研究和学习日本的预制装配式建筑开始，逐渐演变到自主研发创新，目前已初见成效。现在万科集团在深圳、北京、上海、南京用装配式结构建设的 PC(预制混凝土)住宅已经接近 1×10^{7} m^2，它也因此成为国内引领产业化发展的龙头企业。图 2.14 和图 2.15 所示分别为万科集团的作品及其外墙挂板体系。

图 2.14　深圳万科第五园公寓楼

图 2.15　深圳万科预制外墙挂板体系

(2)榆构集团

北京榆构有限公司(BYPCE)前身为北京市丰台区榆树庄构件厂,成立于1980年,企业注册资金为1.5亿元,总资产为3.5亿元,年产值和销售收入近10亿元,是国内最大的预制混凝土产品制造商之一,其生产的构件见图2.16。其现为预制混凝土构件和预拌混凝土二级专业承包资质企业,公司现有生产车间4个,生产线4条,混凝土生产设备和各种大型起重运输设备150台套,可满足年产1.5×10^5 m^3预制构件和8.0×10^5 m^3预拌混凝土的生产能力。其预制构件和预拌混凝土产品广泛应用在工业和民用建筑工程、市政公路工程、铁路工程、水利工程及其他特种工程领域。

图2.16　北京榆构有限公司生产的构件

公司已建立起完善的质量管理体系、职业健康安全管理体系。公司现已建成北京市级企业技术中心,负责企业预制混凝土和预拌混凝土的试验研究和设计开发工作,广泛开展和国内外研究、设计和施工企业的合作,拥有多项自主知识产权的专利技术和专有技术,相继完成以国家体育场预制清水混凝土看台、武汉琴台大剧院清水混凝土外挂板和北京城市副中心清水混凝土外墙挂板为代表的一大批精品预制混凝土工程;美国通用电气公司(GE)独家定制的混凝土组件采用C40钢纤维混凝土,表观密度3 500 kg/m^3,该产品具有防中子和γ射线辐射的功能。2008年,在鲁班奖评比结果中,由公司主要参建的4项重大工程榜上有名,分别是国家体育场（鸟巢）（见图 2.17）、奥运射击馆、武汉琴台大剧院、天津奥体中心。

图 2.17　国家体育场（鸟巢）

（3）宇辉集团

宇辉新型建筑材料有限公司成立于 2005 年，独资和控股 5 家新材公司，全资子公司有黑龙江宇辉新型建筑材料有限公司、黑龙江宇辉商品混凝土有限公司、安徽宇辉新型建筑材料有限公司，控股上海宇辉住宅工业有限公司、湖北宇辉中工建筑产业化有限公司。宇辉集团与哈尔滨工业大学、清华大学、同济大学、中国建筑科学研究院进行广泛合作，走“产学研”一体化道路，并成功开发出约束浆锚纯剪力墙结构体系（属国内首创）、高强陶瓷保温颗粒材料、拼装整体式城市地下综合管廊等先进结构体系及产品。宇辉集团申报及获得 60 余项国家发明专利，先后获得黑龙江省建设厅科技成果一等奖、黑龙江省科技进步三等奖，并被列入住房与城乡建设部《建筑业十项新技术（2010 年）》推广应用内容，同时也获批成为“国家住宅产业化基地”。图 2.18 所示为宇辉集团的代表性建筑。

（4）亚泰集团

亚泰集团组建于 1993 年，以建材、医药、金融、地产为核心，搭建了体育文化、生态养生、旅游、互联网传媒的轻资产平台，实现了跨越、可持续发展，2017 年位列“中国企业 500 强”第 393 位。

亚泰集团建材产业由 25 家生产企业、1 个专业化电商公司、2 个研发机构和 4 个建筑工业化制品产业园组成，它们分布在 3 省 18 市，现已形成集建材制品深加工、预拌混凝土制造、石灰石和砂石骨料开采、熟料生产、水泥生产和各类产品销售于一体的产业链。图 2.19 所示为亚泰集团生产的楼梯预制构件。

图 2.18　黑龙江宇辉集团洛克小镇

图 2.19　亚泰集团生产的楼梯预制构件

亚泰建材产业预制构件产能 4×10^5 m³，地铁管片产能 3 万环，地铁轨枕产能 50 万块，预拌混凝土产能 3.85×10^6 m³，骨料产能 2×10^6 m³，熟料、水泥产能 4.948×10^7 t。亚泰建材产业拥有 3 个预拌混凝土生产基地、9 个高品位石灰石矿山、4 个骨料基地、9 个熟料生产基地、17 个水泥粉磨基地，石灰石矿山储量达 3×10^9 t，骨料资源储量 2.2×10^8 m³。亚泰集团立足长春、沈阳、哈尔滨、大连，建设了4个建筑工业化制品产业园。根据国家供给侧改革的要求，亚泰集团以智能化带动产业转型升级，其生产的绿色建材和建筑工业化材料已经达到现代化、国际化、智能化的标准，形成了技术先进、品种齐全、具有核心竞争力的产业集群。

（5）山东万斯达集团

山东万斯达建筑科技股份有限公司是我国最早从事建筑产业化领域装配式建筑体系研究、产品开发、制造、施工的高新技术企业。公司结合实践不断创新，逐渐完善了装配式建筑主体所需的主要结构部品，形成PK快装结构体系，并通过子公司山东万斯达工程建设有限公司开展建筑工程施工业务，是国内少数几家集技术咨询、研发设计、产品制造、工程安装、售后服务等于一体的建筑产业现代化企业之一。图2.20所示为其预制外墙板吊装。

图2.20　万斯达预制外墙板吊装

2015年6月9日，全国首家校企合作的建筑产业现代化学院——万斯达学院成立。同年7月17日，由万斯达集团等6家单位共同发起成立了山东省建筑产业现代化发展联盟，该联盟旨在构建以政府指导和服务为依托，汇聚“产、学、研、金”全产业链代表性企业的“山东省建筑产业现代化发展联盟”平台。

（6）北京住总集团

北京住总集团有限责任公司是以房地产开发、建筑安装施工、现代化服务为“三大板块”跨国经营的大型现代化企业集团。“十二五”期间，住总集团全面开展了住宅产业化全产业链的技术研究和实践应用，紧密结合工程建设和产学研用，大力推进建筑业新型发展方式，积极推进装配式建筑领域全产业链的建设和发展。2015年初，北京住总集团有限责任公司获批列入住房与城乡建设部“国家住宅产业化基地”并授牌。图2.21所示为北京住总集团建造的预制装配式高层住宅楼。

图 2.21　北京回龙观 019 地块预制装配式高层住宅楼

北京住总集团作为"国家住宅产业化基地"的成员，始终坚持全产业链技术协同发展的工作思路，截至目前，已经形成全产业链模式下的五大技术体系，分别是预制装配式住宅工程成套设计技术体系、预制装配式住宅工程部品制备技术体系、预制装配式住宅工程成套施工技术体系、预制装配式住宅工程仿真建造技术体系以及钢结构形式住宅产业化建造技术体系。同时，北京住总集团注重发挥设计的引领作用，建立了标准化设计方式，具备与施工生产全面配套的技术产品与工艺体系。图 2.22 所示为北京住总集团生产的预制构件。

图 2.22　北京住总集团生产的预制构件（左为叠合板，右为内墙板）

截至目前，北京住总集团已累计完成住宅产业化设计任务 5.3×10^6 m^2，掌握了 8 度抗震区全构件类型的预制装配式剪力墙建筑的成套标准化设计技术。2012 年完成的"金域缇香"住宅项目工程是国内首例隔震技术与住宅产业化技术结合的工程，通过隔震技术减少地震力 65%，实现 8 度抗震设防区按 7 度设计，突破了极限设计高度。

（7）上海建工材料工程有限公司

上海建工材料工程有限公司第一构件厂（以下简称第一构件厂）隶属于上海建工材料工程有限公司，为上海建工材料工程有限公司下属的 PC 产业化基地，是首批国家装配式建筑产业基地。图 2.23 所示为其预制构件生产线。

图 2.23 第一构件厂预制构件生产线

在参与 PC 构件项目的多年时间里，第一构件厂积累了丰富的生产经验，具备预制墙板、楼梯、阳台、空调板、梁、楼板、柱等各类构件的生产能力，同时对于饰面瓷砖反打或石材反打亦可按照图纸要求进行加工制作。其累计生产 PC 构件超过 1.5×10^5 m^3，为全国 PC 构件产业化龙头企业。

2.3 我国建筑产业现代化的发展现状

1. 政策支持

我国政府和建设行业行政主管部门对推进建筑产业现代化、推动新型建筑工业化、发展装配式建筑给予大力支持，国家对建筑行业转型升级的决心和重视程度不言而喻。

党的十八大报告提出，要坚定不移地走“新型工业化道路”。2015 年 11 月，《建筑产业现代化发展纲要》出台。纲要明确了未来 5~10 年建筑产业现代化的发展目标。纲要指出，到 2020 年，基本形成适应建筑产业现代化的市场机制和发展环境，建筑产业现代化技术体系基本成熟，形成一批达到国际先进水平的关键核心技术和成套技术，建设一批国家级、省级示范城市、产业基地、技术研发中心，培育一批龙头企业。装配式混凝土、钢结构、木结构建筑发展布局合理、规模逐步提高，新建公共建筑优先采用钢结构，鼓励农村、景区建筑发展木结构和轻钢结构。装配式建筑占新建建筑的比例达到20%以上，直辖市、计划单列市及省会城市达到30%以上，保障性安居工程采取装配式建造的比例达到40%以上。新开工全装修成品住宅面积比例达到30%以上。直辖市、计划单列市及省会城市保障性住房的全装修成品房面积比例达到50%以上。建筑业劳动生产率、施工机械装备率提高1倍。到2025年，建筑品质全面提升，节能减排、绿色发展成效明显，创新能力大幅提升，形成一批具有较强综合实力的企业和产业体系。装配式建筑占新建建筑的比例在50%以上，保障性安居工程采取装配式建造的比例达到60%以上。全面普及成品住宅，新开工全装修成品住宅面积比例达到50%以上，保障性住房的全装修成品房面积比例达到70%以上。

2016年2月6日，《中共中央 国务院关于进一步加强城市规划建设管理工作的若干意见》发布。该意见指出，大力推广装配式建筑，减少建筑垃圾和扬尘污染，缩短建造工期，提升工程质量。制定装配式建筑设计、施工和验收规范。完善部品部件标准，实现建筑部品部件工厂化生产。鼓励建筑企业装配式施工，现场装配。建设国家级装配式建筑生产基地。加大政策支持力度，力争用10年左右时间，使装配式建筑占新建建筑的比例达到30%。积极稳妥推广钢结构建筑。在具备条件的地方，倡导发展现代木结构建筑。

2016年3月17日，《国民经济和社会发展第十三个五年规划纲要》发布，纲要指出，发展适用、经济、绿色、美观建筑，提高建筑技术水平、安全标准和工程质量，推广装配式建筑和钢结构建筑。

住房与城乡建设部于2017年3月23日印发《"十三五"装配式建筑行动方案》，提出工作目标并明确重点任务。工作目标：到2020年，全国装配式建筑占新建建筑的比例达到15%以上，其中重点推进地区达到20%以上，积极推进地区达到15%以上，鼓励推进地区达到10%以上。重点任务：建立完善覆盖设计、生产、施工和使用维护全过程的装配式建筑标准规范体系；建立装配式建筑技术体系和关键技术、配套部品部件评估机制，梳理先进成熟可靠的新技术、新产品、新工艺，定期发布装配式建筑技术和产品公告；加大研发力度，研究装配率较高的多高层装配式混凝土建筑的基础理论、技术体系和施工工艺，研究高性能混凝土、高强钢筋和消能减震、预应力技术在装配式建筑中的应用；全面提升装配式建筑设计水平，推行装配式建筑一体化集成设计，强化装配式建筑设计对部品部件生产、安装施工、装饰装修等环节的统筹，推进装配式建筑标准化设计，提高标准化部品部件的应用比例，装配式建筑设计深度要达到相关要求；建立适合建筑信息模型（BIM）技术应用的装配式建筑工程管理模式，推进BIM技术在装配式建筑规划、勘察、设计、生产、施工、装修、运行维护全过程的集成应用，实现工程建设项目全寿命周期数据共享和信息化管理；采用植入芯片或标注二维码等方式，实现部品部件生产、安装、维护全过程质量可追溯；培育一批设计、生产、施工一体化的装配式建筑骨干企业，促进建筑企业转型发展；发挥装配式建筑产业技术创新联盟的作用，加强产学研用等各种市场主体的协同创新能力，促进新技术、新产品的研发与应用。

2. 国家级规范标准

为规范装配式建筑的推广，指导行业企业和从业人员合理应用装配式技术，我国相继出台了若干装配式领域的规范、规程和标准图集。

（1）《装配式混凝土结构技术规程》（JGJ 1—2014）

我国自 1991 年施行《装配式大板居住建筑结构设计与施工规程》（JGJ 1—1991），经过长达 20 多年的沉淀，结合新技术、新工艺、新材料的发展，参考有关国际标准和国外先进标准，于 2014 年施行《装配式混凝土结构技术规程》（JGJ 1—2014）。与已废止的 1991 版标准相比，2014 版标准扩大了适用范围，新标准适用于居住建筑和公共建筑。此外，加强了装配式结构整体性的设计要求；增加了装配整体式剪力墙结构、装配整体式框架结构和外挂墙板的设计规定；修改了多层装配式剪力墙结构的有关规定；增加了钢筋套筒灌浆连接和浆锚搭接连接的技术要求；补充、修改了接缝承载力的验算要求。

（2）《装配式混凝土建筑技术标准》（GB/T 51231—2016）

在行业标准《装配式混凝土结构技术规程》（JGJ 1—2014）发布两年后，国家标准《装配式混凝土建筑技术标准》（GB/T 51231—2016）于 2016 年施行。《装配式混凝土建筑技术标准》不仅是对《装配式混凝土结构技术规程》的有效补充，还对其一些条文进行了修改。

此外，《装配式钢结构建筑技术标准》（GB/T 51232—2016）、《装配式木结构建筑技术标准》（GB/T 51233—2016）也于同年施行。

（3）《预制混凝土剪力墙外墙板》（15 G365—1）等 9 项国家建筑标准设计图集

经审查批准，由中国建筑标准设计研究院组织编制的《预制混凝土剪力墙外墙板》等 9 项国家建筑标准设计图集自 2015 年 3 月起实施，图 2.24 所示为其中一本图集。该系列图集是在国家建筑标准设计的基础上，依据《装配式混凝土结构技术规程》（JGJ 1—2014）编制的，对规范内容进行了细化和延伸，对现阶段量大面广的装配式混凝土剪力墙结构设计、生产、施工起到规范和全方位的指导作用。这套图集的内容涵盖表示方法、设计示例、连接节点构造以及常用的构件等。

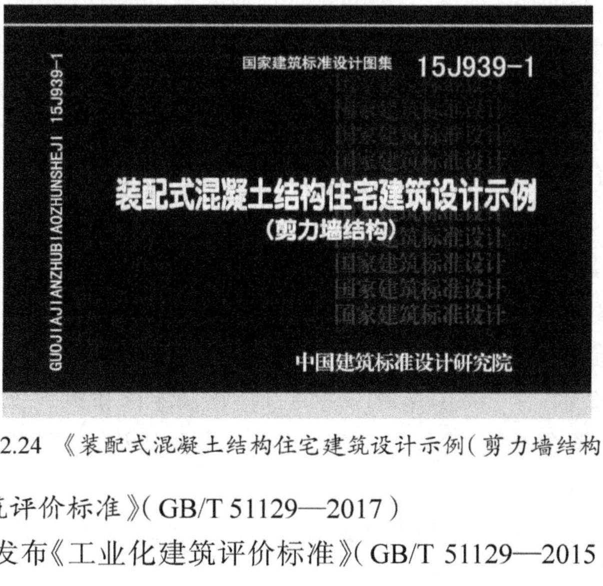

图 2.24 《装配式混凝土结构住宅建筑设计示例（剪力墙结构）》

（4）《装配式建筑评价标准》（GB/T 51129—2017）

我国于 2015 年发布《工业化建筑评价标准》（GB/T 51129—2015），并在 2017 年发布

《装配式建筑评价标准》(GB/T 51129—2017),同时《工业化建筑评价标准》(GB/T 51129—2015)废止。新标准的发布对进一步促进装配式建筑的发展和规范装配式建筑的评价起到了重要的作用。

(5)其他

此外,我国还发布了诸如《钢筋连接用灌浆套筒》(JG/T 398—2012)、《钢筋套筒灌浆连接应用技术规程》(JGJ 355—2015)、《钢筋连接用套筒灌浆料》(JG/T 408—2013)、《装配式混凝土剪力墙结构住宅施工工艺图解》(16G906)等规范、标准、图集,进一步促进和规范了行业的发展。

3. 各地保障政策

我国各省、自治区、直辖市均结合自身特点,提出各自的装配式建筑发展目标和保障政策。

北京市提出:到 2020 年,实现装配式建筑占新建建筑面积的比例达到 30% 以上。为保证目标实现,北京市出台政策,对于未在实施范围内的非政府投资项目,凡自愿采用装配式建筑并符合实施标准的,给予实施项目不超过 3% 的面积奖励;对实施范围内的预制率达到 50% 以上、装配率达到 70% 以上的非政府投资项目予以财政奖励。

《上海市装配式建筑 2016—2020 年发展规划》提出:“十三五”期间,上海市全市装配式建筑的单体预制率达到 40% 以上或装配率达到 60% 以上。外环线以内采用装配式建筑的新建商品住宅、公租房和廉租房项目 100% 采用全装修。

天津市要求:2018—2020 年,新建的公共建筑具备条件的应全部采用装配式建筑,中心城区、滨海新区核心区和中新生态城商品住宅应全部采用装配式建筑;采用装配式建筑的保障性住房和商品住房全装修比例达到 100%。2021—2025 年,全市范围内国有建设用地新建项目具备条件的全部采用装配式建筑。为保证以上目标实现,天津市规定,经认定为高新技术企业的装配式建筑企业,减按 15% 的税率征收企业所得税,装配式建筑企业开发新技术、新产品、新工艺发生的研究开发费用,可以在计算应纳税所得额时加计扣除。

广东省确定目标:到 2025 年前,珠三角城市群装配式建筑占新建建筑面积的比例达到 35% 以上,其中政府投资工程的装配式建筑面积占比达到 70% 以上;常住人口超过 300 万的粤东西北地区地级市中心城区,装配式建筑占新建建筑面积的比例达到 30% 以上,其中政府投资工程的装配式建筑面积占比达到 50% 以上;全省其他地区装配式建筑占新建建筑面积的比例达到 20% 以上,其中政府投资工程的装配式建筑面积占比达到 50% 以上。对于装配式建筑项目,广东省政府优先安排用地计划指标,对增值税实施“即征即退”的优惠政策,落实适当的资金补助并优先给予信贷支持。

湖北省要求:到 2025 年,全省装配式建筑占新建建筑面积的比例达到 30% 以上,并对装配式建筑给予配套资金补贴、容积率奖励、商品住宅预售许可、降低预售资金监管比例等激励政策。

江苏省提出:到 2025 年末,建筑产业现代化建造方式成为主要建造方式,全省建筑产业现代化施工的建筑面积占同期新开工建筑面积的比例、新建建筑装配化率均达到 50% 以上，装饰装修装配化率达到 60% 以上。对于装配式项目，政府给予财政扶持政策，提供相应的税收优惠，优先安排用地指标，并给予容积率奖励。

辽宁省要求：到 2025 年底，全省装配式建筑占新建建筑面积的比例力争达到 35% 以上，其中沈阳市力争达到 50% 以上，大连市力争达到 40% 以上，其他城市力争达到 30% 以上。辽宁省对装配式建筑项目将给予财政补贴、增值税"即征即退"优惠，优先保障装配式建筑部品部件生产基地（园区）、项目建设用地，允许不超过规划总面积的 5% 不计入成交地块的容积率核算。

技术提示

美国工业化住宅发展历史：1976 年，美国国会通过了《国家工业化住宅建造及安全法案》，同年，开始由美国住宅和城市发展部负责出台一系列严格的行业规范标准，这些标准一直沿用到今天。除了注重质量，现在的工业化住宅更加注重提升美观性、舒适性及个性，许多工业化住宅的外观与非工业化住宅的外观相差无几。随着新的技术不断出台，节能成为新的关注点。这说明，美国的工业化住宅经历了从追求数量到追求质量的阶段性转变。

日本通过立法和认定制度大力推广住宅产业化：20 世纪六七十年代出台《建筑基准法》，这一时间成为日本大规模推行建筑产业化的节点。70 年代设立了工业化住宅质量管理优良工厂认定制度，这一时期采用工业化方式生产的住宅占竣工住宅总数的 10% 左右。80 年代中期设立了工业化住宅性能认定制度，这一时期采用工业化方式生产的住宅占竣工住宅总数的 15%~20%，住宅质量和性能明显提高。到 90 年代，采用工业化方式生产的住宅占竣工住宅总数的 25%~28%。日本住宅产业化的重要成就之一是 KSI 体系住宅。

瑞典开发了大型混凝土预制板的工业化体系，大力发展以通用部件为基础的通用体系。有人说"瑞典也许是世界上工业化住宅最发达的国家"，它们的住宅预制构件达到了 95% 之多。

我国建筑工业化的起步较晚，直到 20 世纪五六十年代，预制构件才开始应用。最初由混凝土预制构件厂按统一模数和标准设计、生产构配件，然后运到施工现场进行机械吊装，建成建筑主体。其优点是解决了人工在现场制作的问题，使工程施工速度加快。但不足之处是结构整体性削弱，接缝处理不当会产生渗漏、隔热问题，结构形式和外观设计单调，使城市建筑缺乏特色和美感。20 世纪 70 年代，混凝土装配式预制构件的应用与研究更加普遍，并研究开发出混凝土大板建筑体系、框架轻板建筑体系等，钢结构网架在大跨度空间结构中也开始使用。20 世纪 90 年代后，国内建筑中以现浇混凝土结构应用居多，而预制装配式混凝土构件仅用于单层工业厂房和民用建筑的局部。轻钢结构、钢结构在工业厂房、仓库及住宅、商场等民用建筑中开始得到应用。钢结构自重轻，整体性、抗震性好，施工速度快，大大减轻了工人的劳动强度，又具有环保、经济和美观的优点，因此建筑工业化开始向轻钢结构、钢结构方向发展。我国建筑工业化的起步虽晚，但发展迅速。现在的建筑行业已成为国民经济中最活跃的行业,建筑工业已成为支柱工业之一。

基础训练

一、填空题

1.2016 年 3 月 17 日,《国民经济和社会发展第十三个五年规划纲要》发布,纲要指出:发展(　　)、(　　)、(　　)、(　　)建筑,提高建筑技术水平、(　　)和(　　),推广装配式建筑和钢结构建筑。

2. 住房与城乡建设部于 2017 年 3 月 23 日印发《“十三五”装配式建筑行动方案》,提出工作目标并明确重点任务。工作目标:到 2020 年,全国装配式建筑占新建建筑的比例达到(　　)以上,其中重点推进地区达到(　　)以上,积极推进地区达到(　　)以上,鼓励推进地区达到(　　)以上。

3. 为促进建筑产业现代化快速健康发展,国家从“(　　)、(　　)、(　　)、(　　)”四个方面构建了建筑工业化标准体系。

二、简答题

1. 美国建筑产业现代化发展的特点有哪几方面?

2. 日本推行建筑产业现代化的特点有哪些?

3. 我国建筑产业现代化的发展现状有哪几方面?

第 3 章　装配式混凝土建筑

知识目标

1. 了解装配式建筑、装配式混凝土建筑的概念、分类及特征。
2. 了解装配整体式混凝土结构与全装配混凝土结构的区别。
3. 掌握装配整体式混凝土框架结构及剪力墙结构的特性。
4. 了解预制混凝土叠合板、预制混凝土梁和预制混凝土柱等构件的基本特性。

职业目标

1. 熟悉装配式建筑的相关政策法规及标准规范。
2. 熟悉装配式混凝土预制构件的构造和材料要求。
3. 熟悉预制构件的连接方式及选择。
4. 基本熟悉装配式混凝土预制构件的生产及安全管理。

学习课件

扫一扫

本章课件

3.1 装配式混凝土建筑的概念、特征

装配式建筑技术是在近年来国家提倡绿色建筑新理念背景下产生的一种新型建筑模式。装配式建筑是指结构系统、外围护系统、设备与管线系统、内装修系统的主要部分采用预制部品部件集成的建筑。

装配式建筑按照结构体系的不同,可分为装配式混凝土建筑、装配式钢结构建筑、装配式木结构建筑。其中,装配式混凝土建筑是装配式建筑中应用量最大、设计建筑类型最多的结构体系。

3.1.1 装配式混凝土建筑的概念

建筑的结构系统由混凝土部件(预制构件)构成,这样的建筑称为装配式混凝土建筑。

由于装配式建筑的结构系统、外围护系统、设备与管线系统、内装修系统的主要部分采用预制部品部件集成,因此装配式混凝土建筑有两个特征:一是构成建筑的结构构件是混凝土预制构件;二是装配式混凝土建筑也是包括结构、外围护、设备与管线及内装修四个部分的建筑,如图 3.1 所示。

图 3.1 装配式混凝土建筑

预制混凝土(Precast Concrete)缩写为 PC,国际上通常把装配式混凝土建筑简称为 PC 建筑。

装配式混凝土建筑设计应按照通用化、模数化、标准化的要求,以少规格、多组合的原则,实现建筑及部品部件的系列化和多样化。

装配式混凝土建筑应实现全装修,内装修系统应与结构系统、外围护系统、设备与管线系统一体化设计建造。

装配式混凝土建筑应采用系统集成的方法统筹设计、生产运输、施工安装,实现全过程

的协同。

3.1.2 装配式混凝土建筑的分类

1. 按照结构连接方式划分

装配式混凝土建筑的连接方式分为湿连接和干连接。湿连接而成的装配式混凝土建筑称为装配整体式混凝土结构，干连接而成的装配式混凝土建筑称为全装配混凝土结构。

（1）装配整体式混凝土结构

装配整体式混凝土结构是由预制混凝土构件通过可靠的方式进行连接，并与现场后浇混凝土、水泥基灌浆料形成整体的装配式混凝土结构，简称装配整体式结构。

当主要受力预制构件之间的连接，如柱与柱、墙与墙、梁与柱或墙等预制构件之间，通过后浇混凝土和钢筋套筒灌浆连接等技术进行连接时，可以保证装配式结构的整体性能，使其结构性能与现浇混凝土结构基本相同。

钢筋套筒灌浆连接接头采用的套筒应符合现行行业标准《钢筋连接用灌浆套筒》（JG/T 398—2012）的规定，灌浆料应符合《钢筋连接用套筒灌浆料》（JG/T 408—2013）的规定。

装配整体式混凝土结构具有较好的整体性和抗震性。目前，大多数的装配式混凝土建筑都是装配整体式结构。

（2）全装配混凝土结构

全装配混凝土结构是指预制构件靠干连接（如焊接、螺栓连接等）形成的整体。所有结构构件均在工厂内生产，运至现场进行装配。全装配混凝土结构一般限制在低层或抗震设防要求较低的多层建筑上使用。

连接区通过焊接、螺栓、预应力或栓钉连接，不需要现浇混凝土，为非等同现浇形式。

连接用焊接材料以及螺栓和锚栓等紧固件的材料应符合国家现行标准《钢结构焊接规范》（GB 50661—2011）和《钢筋焊接及验收规程》（JGJ 18—2012）等的规定。

2. 按照结构体系划分

装配式混凝土建筑按照结构体系分为装配整体式框架结构、装配整体式剪力墙结构、装配整体式框架—现浇剪力墙结构、装配整体式框架—现浇核心筒结构及装配整体式部分框支剪力墙结构。

（1）装配整体式框架结构

装配整体式混凝土框架结构，即全部或部分框架梁、柱采用预制构件建成的装配式混凝土结构，简称装配整体式框架结构，主要用于学校、办公楼、物流建筑、仓库等公共建筑。

（2）装配整体式剪力墙结构

装配整体式混凝土剪力墙结构，即全部或部分剪力墙采用预制墙板建成的装配式混凝土结构，简称装配整体式剪力墙结构。装配整体式剪力墙结构能合理利用建筑空间，有较好的抗震性能，因此在我国居住建筑中得到了广泛应用。

（3）装配整体式框架—现浇剪力墙结构

装配整体式框架—现浇剪力墙结构是指框架部分采用预制梁柱，通过现浇混凝土梁柱节点的连接形成可靠传力机制，剪力墙部分为现浇剪力墙的混凝土框架剪力墙结构。装配整体式框架—现浇剪力墙结构基本组成构件为墙、柱、梁、板等。该结构既有框架结构布置灵活、使用方便的特点，又有较大的刚度和较好的抗震性，可广泛应用于高层办公建筑和旅馆建筑中。

（4）装配整体式框架—现浇核心筒结构

装配整体式框架—现浇核心筒结构由装配整体式框架结构和现浇核心筒两部分组成。这种结构形式中的框架部分采用与预制装配整体式框架结构相同的装配技术，使预制装配框架在高层及超高层建筑中得到应用。

（5）装配整体式部分框支剪力墙结构

由于剪力墙结构的平面局限性，有时将墙的下部做成框架，形成框支剪力墙，框支层空间加大，扩大了使用功能。将底部一层或多层做成部分框支剪力墙和部分落地剪力墙的结构形式，称为部分框支剪力墙结构。转换层以上的全部或部分剪力墙采用预制墙板的结构，称为整体式部分框支剪力墙结构，可应用于底部带商业用房的高层公寓住宅、旅店等。

结构的选择可根据具体工程的高度、平面、体型、抗震等级、设防烈度及功能特点来确定，其装配特点及使用范围见表3.1。

表3.1　装配式混凝土结构体系的装配特点及适用范围

项目	装配式混凝土结构体系		
	框架结构	剪力墙结构	框架—剪力墙结构
结构体系	世构体系（法国） 抗震框架体系（日本、韩国） 传统框架结构体系	L板体系（英国） 大板体系（中国） 半预制体系（德国） 预制墙板体系（日本） 北京万科预制外墙体系	日本HPC体系 美国停车楼体系 中国香港预制体系 外墙挂板体系
预制构件	叠合梁、叠合板的预制部分，预制柱、楼梯、阳台等	叠合板的预制部分，预制外墙、楼梯、阳台等	叠合板、叠合梁的预制部分，预制柱、外墙挂板、楼梯、阳台等
装配特点	通过后浇混凝土连接梁、板、柱以形成整体，柱下口通过套筒灌浆连接	通过现浇混凝土内墙和叠合板将预制外墙板、楼梯、阳台等连接为整体，外墙板下口用套筒灌浆或焊接等方法连接	通过现浇剪力墙和叠合楼板连接预制构件，柱和楼板可采用现浇，外墙可采用柔性连接的外墙板
适用范围	一级抗震 设防烈度：8度 结构高度：45 m	一级抗震 设防烈度：8度 结构高度：100 m	一级抗震 设防烈度：8度 结构高度：100 m

3.1.3 装配式混凝土建筑的特征

1. 提高工程质量和施工效率

构件和部品通过标准化设计、工厂化生产、装配化施工，减少了人工操作和劳动强度，确保了构件质量和施工质量，从而提高了工程质量和施工效率，最大限度保证建筑产品的质量和性能。

2. 节能环保

装配式混凝土建筑减少资源、能源消耗，减少建筑垃圾，绿色环保。由于实现了构件生产工厂化，材料和能源消耗均处于可控状态；建造阶段消耗的建筑材料和电力较少，施工现场大部分为干式施工，噪声、粉尘和建筑垃圾等大为减少。

3. 缩短工期

由于构件生产和现场建造在两地同步进行，装配式混凝土建筑的建造、装修和设备安装一次完成，节省了大量人工和管理费用，相比传统建造方式大大缩短了工期，降低了住宅生产成本，综合效益明显，能够适应目前我国大规模的城市化进程。

4. 便于维护

装配式混凝土建筑降低了后期的运营维护难度，为部品及时更新创造了便利条件，实现了住宅的可持续发展。

5. 改善从业者的结构构成

现代建筑产业减少了施工现场临时工的用工数量，并使其中一部分人进入工厂变为产业工人，有助于推动城镇化发展，促进社会和谐、稳定。

6. 有利于安全

与传统建筑相比，装配式混凝土建筑的建造周期短、工序少、现场工人需求量小，可进一步降低发生施工事故的概率。装配式混凝土建筑的工地中高处、高空和脚手架上的作业大幅度减少，减少了很多危险点。

7. 施工受气象因素影响小

装配式混凝土建筑的大部分构配件在工厂生产，现场基本为装配作业，且施工工期短，因此受降雨、大风、冰雪等气象因素的影响较小。

3.2 装配式混凝土建筑的结构体系

装配式混凝土结构是由预制混凝土构件通过可靠的连接方式装配而成的混凝土结构。其有两个主要特征：主要的结构构件是预制的；预制构件的连接方式是可靠的。

装配式混凝土结构中的受力预制构件包括预制混凝土叠合板、预制混凝土叠合梁、预制框架柱、预制剪力墙、预制阳台（见图3.2）、预制混凝土楼梯（见图3.3）等，非受力预制构件有预制外挂墙板、预制填充墙、预制女儿墙和预制空调板等。

图3.2 预制阳台

图3.3 预制混凝土楼梯

根据《装配式混凝土结构技术规程》（JGJ 1—2014）的规定，装配整体式结构房屋的最大适用高度见表3.2，最大高宽比见表3.3。

表3.2 装配整体式结构房屋的最大适用高度

（m）

结构类型	非抗震设计	抗震设防烈度			
		6度	7度	8度（0.2g）	8度（0.3g）
装配整体式框架结构	70	60	50	40	30
装配整体式框架—现浇剪力墙结构	150	130	120	100	80
装配整体式剪力墙结构	140（130）	130（120）	110（100）	90（80）	70（60）
装配整体式部分框支剪力墙结构	120（110）	110（100）	90（80）	70（60）	40（30）

注：房屋高度指室外地面到主要屋面的高度，不包括局部凸出屋面的部分。当预制剪力墙构件底部承担的总剪力大于该层总剪力的80%时，最大适用高度取表中括号内的数值。

表3.3 装配整体式结构房屋适用的最大高宽比

结构类型	非抗震设计	抗震设防烈度	
		6度、7度	8度
装配整体式框架结构	5	4	3
装配整体式框架—现浇剪力墙结构	6	6	5
装配整体式剪力墙结构	6	6	5

3.2.1 装配整体式框架结构

(一)基本概念

1. 框架结构的组成

装配整体式框架结构即全部或部分框架梁、柱采用预制构件连接而成,梁柱连接处的框架节点通常为湿连接。

为利于结构受力,框架梁宜拉通、对直,框架柱宜纵横对齐、上下对中,梁柱轴线宜在同一竖向平面内。

2. 框架结构的建筑平面布局

框架结构的平面布置既要满足生产施工和建筑平面布置的要求,又要使结构受力合理、施工方便,以加快施工进度,降低工程造价。

建筑设计及结构布置时既要考虑到建筑结构的模数化、标准化,又要考虑到构件的长度和质量,使之满足吊装、运输设备的限制条件,并尽量减少预制构件的规格种类,提高模具的利用率,以满足工厂化生产及现场装配的要求,提高生产和现场装配效率。

柱网尺寸宜统一,跨度大小和抗侧力构件布置宜均匀、对称,尽量减小偏心,减小结构的扭转效应,并应考虑结构在竖向荷载作用下内力分布均匀合理,各构件的材料强度均能得到充分利用。设计应根据建筑使用功能的要求,结合结构受力的合理性、经济性、方便施工等因素确定。

3. 框架结构的竖向布置

框架沿高度方向各层的平面柱网尺寸宜相同,框架柱宜上下对齐,尽量避免因楼层某些框架柱取消而形成竖向不规则框架,如因建筑功能需要不规则框架,应视不规则程度采取加强措施,如加厚楼板、增加边梁配筋等。

框架柱截面尺寸宜沿高度方向由大到小均匀变化,混凝土强度等级宜和柱截面尺寸错开楼层变化,以使结构侧向刚度均匀变化。同时,应尽可能使框架柱截面中心对齐,或上下柱仅有较小的偏心。

4. 结构的体型规则性

平面和立面不规则的体型,在水平荷载作用下,由于体型突变,受力会比较复杂,因此建筑体型在平面及立面上应尽量避免部分突出及刚度突变。若不能避免,则应在结构布置上局部加强。在平面上有突出部分的房屋,应考虑突出部分在地震力作用下由局部振动引起的内力,沿突出部分两侧的框架梁、柱要适当加强。

根据框架节点连接方式不同,装配整体式框架结构(见图 3.4)的节点主要包括框架节点后浇混凝土和框架节点预制两大类。

图 3.4 装配整体式框架结构

框架节点后浇混凝土：预制构件为一字形，预制柱竖向受力钢筋主要采用套筒灌浆连接，梁采用预制叠合梁，在梁柱节点处的钢筋规则与现浇框架结构的要求相同，通过后浇混凝土连接，实现节点设计强接缝弱构件的原则，使装配整体式混凝土结构的整体性、稳定性和延性等结构性能等同于现浇混凝土结构。

框架节点预制：预制构件有十字形、T 形、一字形等，连接节点位于框架柱、梁中部，预制柱、梁的受力钢筋采用套筒灌浆连接，在梁、柱的连接节点处通过后浇混凝土连接，形成整体装配式结构。这种连接方式的预制构件为多维构件，框架节点在工厂制作，质量可控，但预制框架节点的制作、运输、现场安装难度较大，施工技术要求高，现阶段采用较少。

（二）一般规定

装配整体式框架结构是全部或部分框架梁、柱采用预制构件与各种叠合式受弯构件组合，通过节点区的现浇混凝土连接而成的框架结构。装配整体式框架结构的主要预制构件有叠合楼板、预制混凝土柱、预制混凝土叠合梁等。

装配整体式框架结构可按现浇混凝土框架结构进行设计，其中预制柱的纵向钢筋连接方式应符合：当房屋高度不大于 12 m 或层数不超过 3 层时，可采用套筒灌浆、浆锚连接、焊接等连接方式；当房屋高度大于 12 m 或层数超过 3 层时，宜采用套筒灌浆连接。装配整体式框架结构中预制柱水平接缝处不宜出现拉力。

（三）连接设计

1. 连接技术

装配整体式结构与现浇混凝土结构在形式上的明显区别是构件分割预制造成的拼缝处混凝土不连续和钢筋截断。

为实现“等同现浇”的装配整体式框架结构，预制构件钢筋的连接是装配整体式框架结构安全的关键环节之一，使用可靠的连接方法才能使预制构件连接成整体，满足结构安全的要求，同时还要便于安装和使用。目前，装配整体式框架结构预制构件的钢筋连接主要采用套筒灌浆连接与浆锚连接两种技术手段。

（1）钢筋套筒灌浆连接

钢筋套筒灌浆连接是在金属套筒中插入单根带肋钢筋并注入灌浆料拌合物，通过拌合物硬化形成整体并实现传力的钢筋对接连接方式。

套筒灌浆的工作原理：将需要连接的带肋钢筋插入金属套筒内对接，在套筒内注入高强早强且有微膨胀特性的灌浆料，灌浆料在套筒筒壁与钢筋之间形成较大的正向应力，在带肋钢筋的粗糙表面产生较大的摩擦力，由此得以传递钢筋的轴向力。

套筒按结构形式分为全灌浆套筒与半灌浆套筒（见图 3.5 和图 3.6）。全灌浆套筒的接头两端均采用灌浆方式连接。半灌浆套筒的接头一端采用灌浆方式连接，另一端采用非灌浆方式连接，通常另一端采用螺纹连接，目前我国最常用的是这种连接方式。

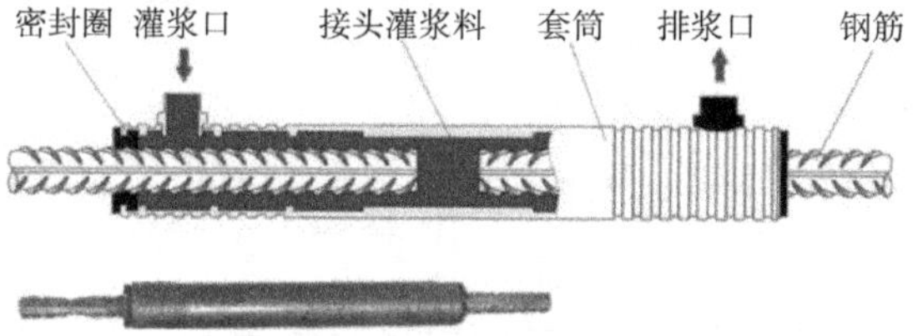

图 3.5　全灌浆套筒连接

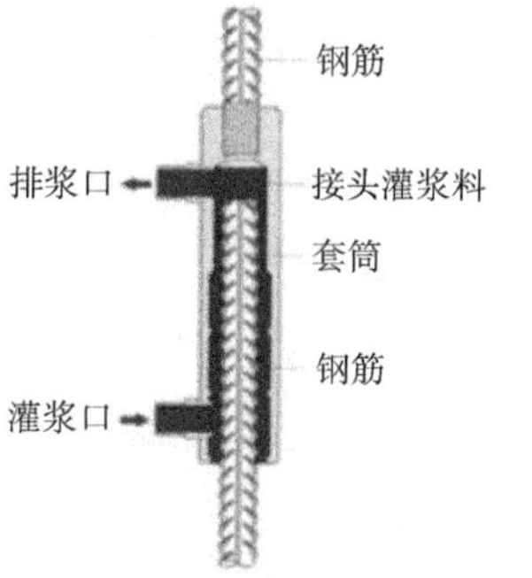

图 3.6　半灌浆套筒连接

（2）钢筋浆锚连接

钢筋浆锚连接是在预制混凝土构件中预留孔道，在孔道中插入需搭接的钢筋，并灌注水泥基灌浆料而实现的钢筋搭接连接方式。

浆锚连接的工作原理：将需要连接的带肋钢筋插入预制构件的孔道里，预留孔道内壁是螺旋形的。钢筋插入孔道后，在孔道内注入高强早强且有微膨胀特性的灌浆料，锚固住插入的钢筋。在孔道旁边是预埋在构件中的受力钢筋，插入孔道的钢筋与之搭接，这种情况属于有距离搭接。

浆锚搭接有两种形式：一种是浆锚孔用金属波纹管（见图 3.7 和图 3.8）；另一种是两根搭接的钢筋外圈有螺旋钢筋，它们共同被螺旋筋约束（见图 3.9 和图 3.10）。

图 3.7　金属波纹管连接

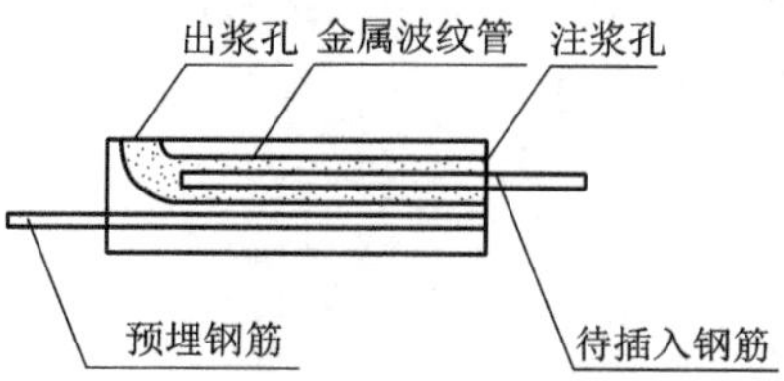

图 3.8　金属波纹管浆锚连接剖面图

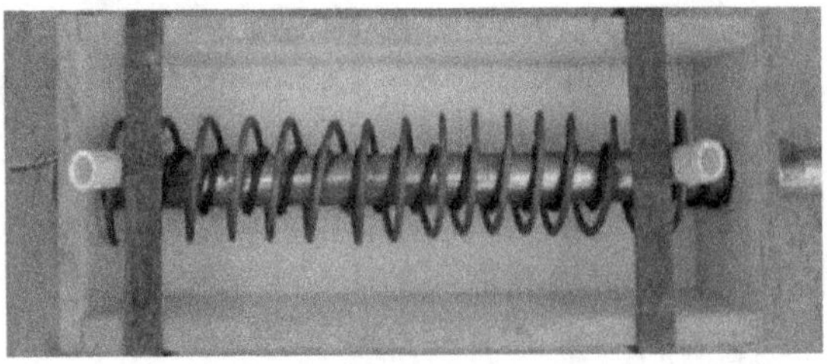

图 3.9　约束浆锚连接

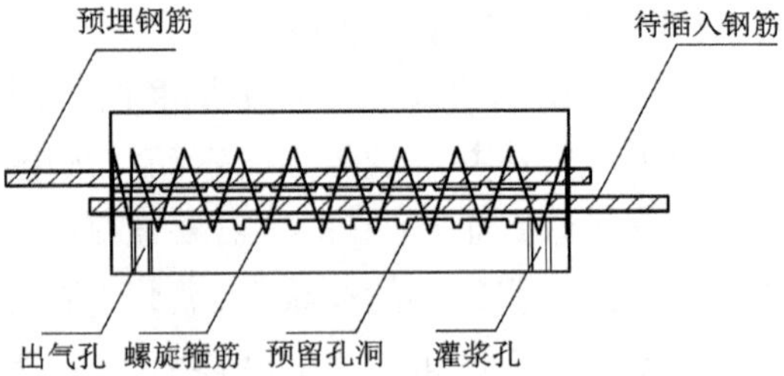

图 3.10　约束浆锚连接剖面图

2. 连接设计

装配整体式框架结构连接节点设计时，应注意以下事项。

①梁、柱宜居中布置，预制柱的纵筋可集中布置在四个角上，这样可避免梁、柱纵筋的碰撞，且梁底纵筋的保护层厚度比较大，可适当减小其锚固长度。

②在设计梁底纵筋时应考虑其可能的碰撞，采用水平错开或竖向错开避让，当采用竖向错开避让时，应注意构件的安装顺序。

3. 施工方案

①先现浇每层柱，拆模后再安装预制混凝土梁、板，逐层施工。

②先支设柱模板，安装预制混凝土梁，浇筑柱混凝土及梁柱节点处的混凝土，后安装叠合楼板预制部分。

③先支设柱模板，安装预制混凝土梁和叠合楼板预制部分，后浇筑柱混凝土及梁柱节点和梁板节点处的混凝土。

④先吊装预制柱，再吊装预制梁和叠合楼板预制部分，最后浇筑梁柱节点及叠合楼板处的混凝土。

（四）构造要求

1. 预制混凝土叠合板

叠合楼板由预制底板和上部后浇混凝土叠合层组成，两阶段成型，两阶段受力，预制底板的厚度不宜小于 60 mm，后浇混凝土叠合层厚度不应小于 60 mm，根据预制板接缝构造、支座构造，长宽比按单向板或双向板设计。

预制底板按照受力钢筋的种类可分为预制混凝土底板和预制预应力混凝土底板。预制混凝土钢筋桁架叠合楼板是目前国内最为流行的预制混凝土底板，对于大跨度楼盖，还可采用预应力混凝土空心板、预应力混凝土双 T 板。

预制混凝土钢筋桁架叠合楼板属于半预制构件，下部为预制混凝土板，外露部分为桁架钢筋（见图 3.11）。

图 3.11 预制混凝土钢筋桁架叠合楼板

叠合楼板由预制底板和后浇混凝土叠合层两部分共同组成，其结合面是薄弱环节，因此保证结合面的受力性能是保证预制底板和后浇混凝土两部分共同受力的关键。《混凝土结构设计规范》(GB 50010—2010)和《装配式混凝土结构技术规程》(JGJ 1—2014)规定预制底板与后浇混凝土叠合层之间的结合面应设置粗糙面，粗糙面的面积不宜小于结合面的 80%。

预制板顶部粗糙面的凹凸深度不应小于 4 mm；预制梁顶部粗糙面的凹凸深度应大于 6 mm；粗糙面可采用冲刷露出骨料、拉毛等做法制作。

叠合楼板宜根据跨度大小进行选择，跨度不大于 3 m 的叠合板，可采用平板式预制普通钢筋底板；跨度不大于 6 m 的叠合板，宜采用预制混凝土钢筋桁架叠合板，也可采用平板式预应力混凝土底板；跨度大于 6 m 的叠合板，宜采用预应力混凝土底板，如预制带肋底板、空心板、双 T 板等。板厚大于 180 mm 的叠合板，易采用减轻自重的措施，如采用预应力混凝土空心底板，或在后浇混凝土叠合层内设置轻质填充材料形成叠合式混凝土空心楼板。

(1)预制混凝土钢筋桁架混凝土叠合楼板

在预制板内设置钢筋桁架，可增加预制板的整体刚度和水平面的抗剪性能。桁架钢筋应用专用焊接机械加工，腹杆钢筋与上下弦钢筋的焊接采用电阻点焊，桁架下弦与上弦钢筋可作为楼板的下部和上部受力钢筋使用，应沿短暂设计状况的主要受力方向布置。施工阶段，验算预制板的承载力及变形时，可考虑桁架钢筋的作用，减少预制板下的临时支撑(见图 3.12 至图 3.14)。

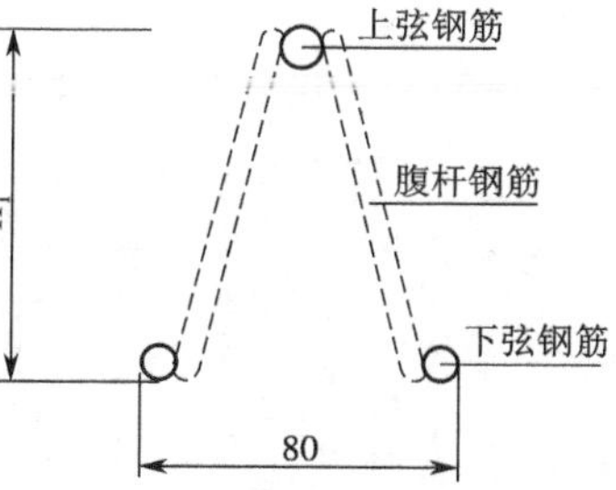

图 3.12 钢筋桁架剖面图

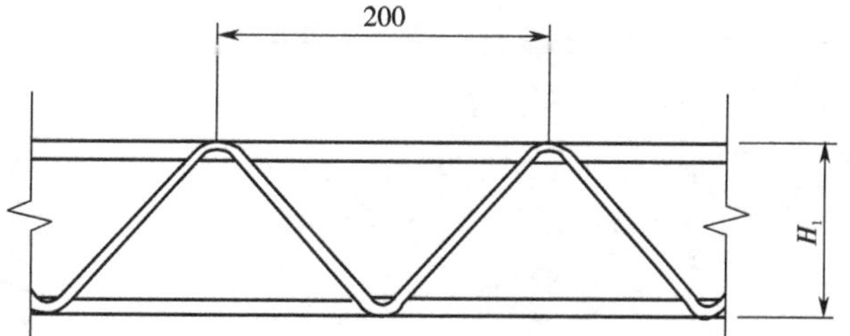

图 3.13 钢筋桁架立面图

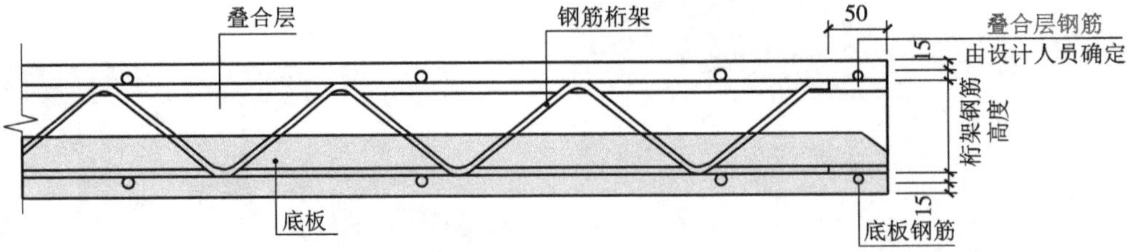

图 3.14　叠合板剖面图

与现浇板相比,预制混凝土钢筋桁架叠合楼板具有以下特点。

①结构施工质量及楼板抗裂性能显著提高,板底平整度好,湿作业量减少。

②施工安全性提高:采用叠合楼板使模板使用量减少,减少了模板安装和拆除过程中的安全隐患,降低了安全管理难度,同时可使板下支撑间距加大 1.8~2.5 m,周转材料总计可节省 80% 以上。

③施工周期明显缩短:使用叠合楼板施工周期可缩短至每层 5 d,可节约工期 30% 左右。

④施工难度大幅度降低:叠合楼板结构体系采用机械化吊装施工,可大幅度降低施工人员的工作强度;大量水电管线、预留洞口在工厂埋设,避免了传统结构水电安装施工可能出现的二次开孔、开槽及操作不当可能出现的质量问题;支撑钢管大幅度减少,较大的支撑间隙给施工人员提供了更大的操作空间。

(2)预应力混凝土叠合板——PK 板

PK 板是一种新型叠合楼盖产品,是预应力混凝土叠合板的简称,最初是为了满足钢结构对楼板的需求而设计的一款产品(见图 3.15 至图 3.17)。

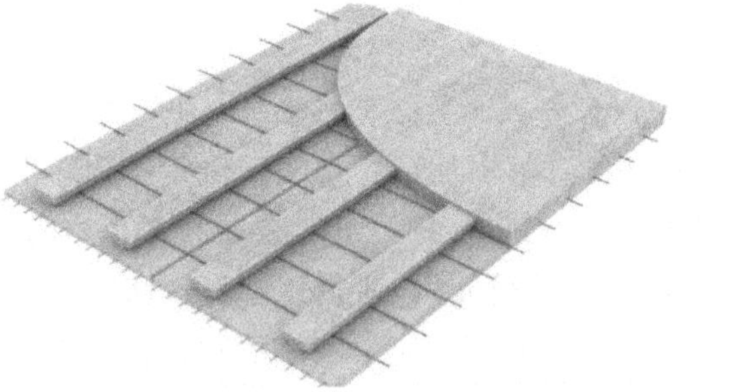

图 3.15　PK 板

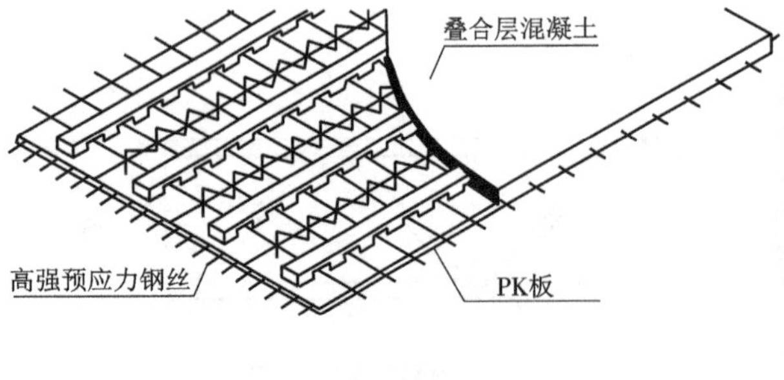

图 3.16　PK 板构造示意图

图 3.17　T 形 PK 板

PK 板具有以下优点。

①节省钢筋：采用 1860 级高强度预应力钢丝，比其他叠合板的用钢量节省 60%。

②混凝土预制底板厚 3 cm，是国际上最薄、最轻的叠合板之一，自重约为 1.1 kN/m^2。

③承载能力强：破坏性试验承载力可高达 1 100 kN/m^2。

④抗裂性能好：由于采用了预应力，极大提高了混凝土的抗裂性。

⑤新老混凝土接合好：由于采用了 T 形肋，新老混凝土互相咬合，新混凝土流到孔中产生销栓作用。

⑥可形成双向板：在侧孔中横穿钢筋后，避免了传统叠合板只能作为单向板的弊病，且预埋管线方便。

⑦PK 板实现了工厂化制作、规模化生产，施工阶段不需要铺设模板，仅需要设置少量支撑，可有效节省木模板和支撑，减少现场作业量；施工简便、快捷，可有效缩短工期。

⑧综合经济效益高。通过对已推广使用的工程项目进行统计，PK 板可比普通现浇板缩短 1/3 以上工期，同时每平方米可节约钢材 4 kg，总体降低工程造价约 30%，经济效益十分明显。

2. 预制混凝土叠合梁

（1）一般规定

预制混凝土叠合梁是在装配整体式框架结构中分两次浇捣混凝土的梁，由预制混凝土梁和后浇混凝土组成，是分两阶段成型的整体受力水平结构构件。其下半部分在工厂预制，上半部分在现场施工，将预制楼板搁置在预制柱上后，再浇捣梁上部的混凝土，使楼板和梁连接成整体（见图 3.18 和图 3.19）。

图 3.18　预制混凝土叠合梁

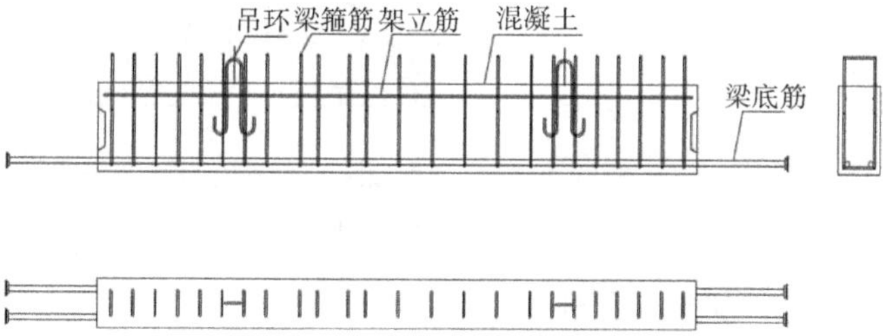

图 3.19　预制混凝土叠合梁基本构造形式

叠合梁预制部分可采用矩形或凹口截面形式（见图 3.20 和图 3.21）。

装配整体式框架结构采用叠合梁时，框架梁的后浇混凝土叠合层厚度不宜小于 150 mm，次梁的后浇混凝土叠合层厚度不宜小于 120 mm，当采用凹口截面预制梁时，凹口深度不宜小于 50 mm，凹口边缘厚度不宜小于 60 mm。

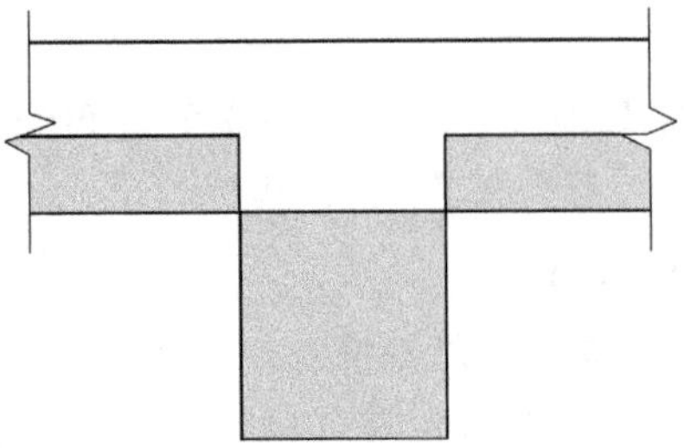

图 3.20　叠合梁矩形截面

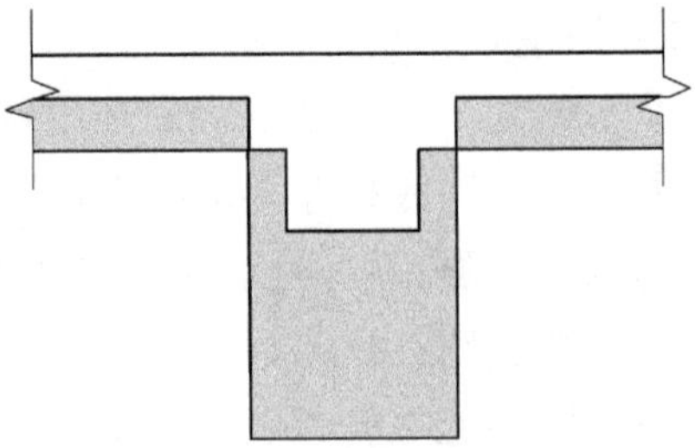

图 3.21　叠合梁凹口截面

(2)连接设计

叠合梁的箍筋可采用整体封闭箍筋或组合封闭箍筋的形式(见图 3.22)。抗震等级为一、二级的叠合框架梁的梁端箍筋加密区宜采用整体封闭箍筋。

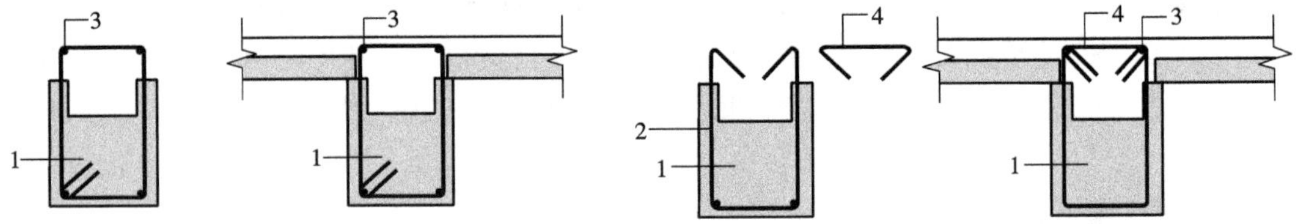

整体封闭箍筋叠合梁　　组合封闭箍筋叠合梁

图 3.22　叠合梁箍筋构造示意图

1—预制梁;2—开口箍筋;3—上部纵向钢筋;4—箍筋帽

叠合梁的拼接节点宜在受力较小截面(见图 3.23)。梁下部纵向钢筋在后浇段内宜采用机械连接或焊接连接;上部纵向钢筋应在后浇段内连续 。

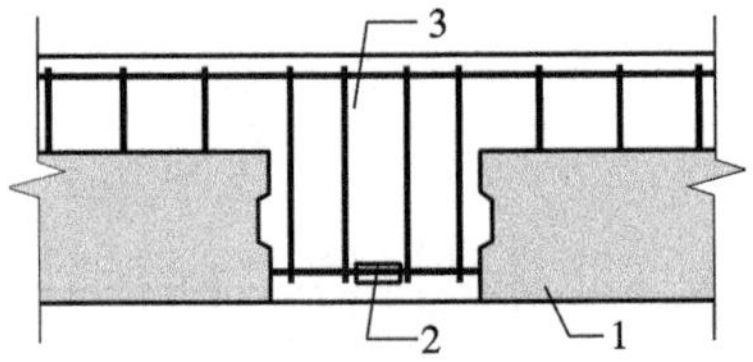

图 3.23　叠合梁拼接节点示意图

1—预制梁;2—钢筋连接接头;3—后浇段

3. 预制混凝土框架柱

预制混凝土框架柱是建筑物结构的主要竖向受力构件,一般采用矩形截面(见图 3.24 和图 3.25)。

预制柱的设计应符合现行国家标准《混凝土结构设计规范》(GB 50010—2010)的要求,柱纵向受力钢筋直径或圆柱直径不宜小于 20 mm;矩形柱截面宽度或圆柱直径不宜小于 400 mm,且不宜小于同方向梁宽的 1.5 倍;采用预制柱及叠合梁的装配整体式框架中,后浇节点区混凝土上表面应设置粗糙面;柱纵向受力钢筋应贯穿后浇节点区;柱底接缝厚度宜为 20 mm,并应采用灌浆料填实。

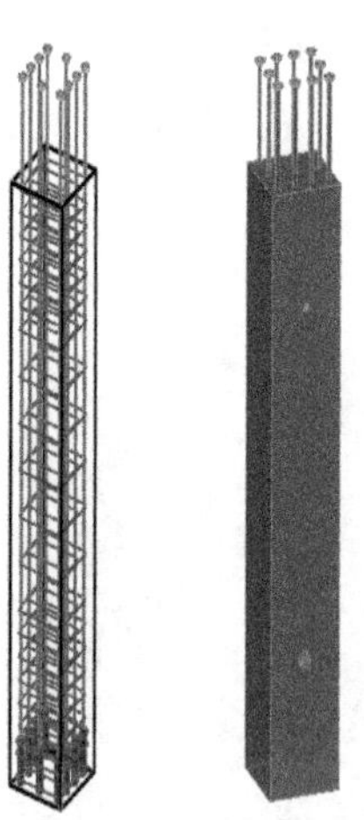

图 3.24　预制柱的构造形式

图 3.25　预制柱的连接

3.2.2　装配整体式剪力墙结构

装配整体式剪力墙结构是指全部或部分剪力墙采用预制墙板建成的装配式混凝土结构，见图 3.26。

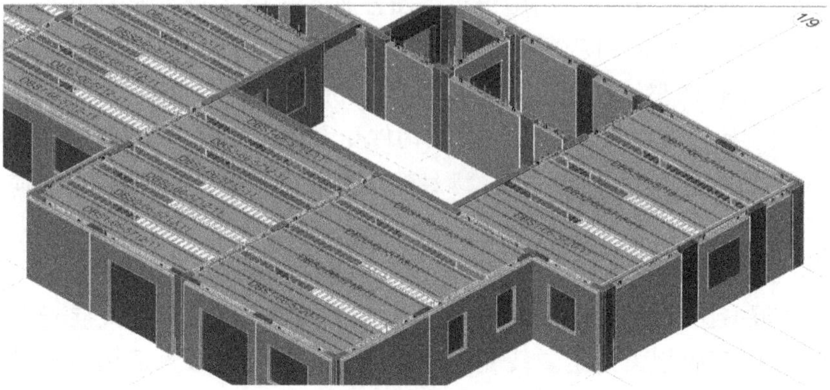

图 3.26　装配整体式剪力墙结构

1. 剪力墙结构的特点

用钢筋混凝土剪力墙（用于抗震结构时也称为抗震墙）承受竖向荷载和抵抗侧向力的结构称为剪力墙结构，也称为抗震墙结构。

剪力墙结构整体性好，承载力及侧向刚度大。合理设计的剪力墙结构具有良好的抗震性能。在历次地震中，剪力墙的震害一般比较轻。剪力墙结构适用于多、高层住宅及高层公共建筑。

2. 剪力墙的结构布置

剪力墙的结构布置宜简单、规则、对称，不应采用不规则的平面布置。

剪力墙在平面内应双向布置,沿高度方向宜连续布置。剪力墙上一般需要开洞作为门窗,洞口宜上下对齐,成列布置,形成具有规则洞口的联肢剪力墙,避免出现洞口不规则的错洞墙。图 3.27 所示为预制混凝土剪力墙外墙板。

图 3.27　预制混凝土剪力墙外墙板

高层装配整体式剪力墙结构的底部加强部位一般采用现浇结构,顶层一般采用现浇楼盖结构,这保证了结构的整体性。高层建筑可设置地下室,提高了结构在水平力作用下的抗滑移、抗倾覆能力;地下室采用装配整体式剪力墙(双面叠合墙)结构有明显的成本和工期优势,既可以保证结构的整体性,又可以提高结构的抗渗性能。

剪力墙等预制构件的连接部位宜设置在构件受力较小的部位,预制构件的拆分应便于标准化生产、吊装、运输和就位,同时还应满足建筑模数协调、结构承载能力及便于质量控制的要求。

装配整体式剪力墙结构设计应符合国家现行标准《混凝土结构设计规范》(GB 50010—2010)、《装配式混凝土建筑技术标准》(GB/T 51231—2016)和《装配式混凝土结构技术规程》(JGJ 1—2014)等的相关规定。装配整体式剪力墙结构的最大适用高度、最大高宽比、平面布置、竖向布置以及抗震等级的要求,按《装配式混凝土建筑技术标准》(GB/T 51231—2016)的相关规定确定。装配整体式剪力墙结构应沿两个方向布置,剪力墙的截面宜简单、规则,预制墙的门窗洞口宜上下对齐,成列布置。对于高层建筑装配整体式剪力墙结构,一般要设置现浇混凝土的地下室,且底部加强部位宜采用现浇混凝土。

3. 连接设计

预制构件的连接技术是装配整体式剪力墙结构最为重要的内容(见图 3.28)。预制剪力墙与现浇节点的构造设计、钢筋连接方式应符合国家现行标准的相关规定。

上、下楼层预制剪力墙之间形成水平缝连接节点,同楼层相邻剪力墙之间形成竖向缝连接节点。竖向墙体水平接缝宜设置在楼面标高处,一般采用钢筋套筒灌浆或浆锚搭接连接,而相邻预制墙体之间的竖向接缝一般采用后浇混凝土段进行连接。

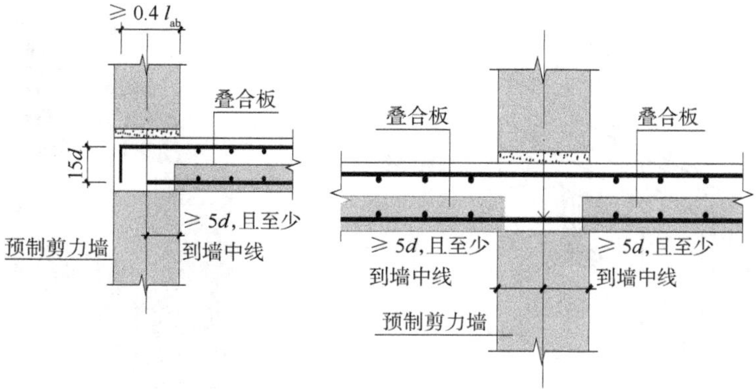

图 3.28　预制叠合板与预制剪力墙连接示意图

上、下层预制剪力墙竖向钢筋的连接位于边缘构件部位时，竖向钢筋应逐根连接，可采用套筒灌浆连接；当预制剪力墙竖向钢筋的连接位于墙体竖向分布钢筋部位时，同侧钢筋的最近间距不应大于 600 mm。各层楼面位置、预制剪力墙顶部无后浇圈梁时，应设置连续的水平后浇带，水平后浇带宽度应取剪力墙的厚度，高度不应小于楼板厚度；水平后浇带应与现浇或者叠合板、屋盖浇筑成整体。

预制剪力墙作为叠合板的端支座，叠合板搁置在预制墙体上，叠合板纵向受力钢筋在预制墙体端节点处采用锚入形式，搁置长度、锚固长度均应符合设计规范要求。

4. 构造要求

相对于现浇的剪力墙而言，预制剪力墙可以将墙体完全预制或做成中空，剪力墙的主筋需要在现场完成连接，最后在预制剪力墙外表面反打上外保温及饰面材料。

剪力墙结构中一般部位的剪力墙可采用部分预制、部分现浇，也可全部预制；底部加强部位的剪力墙宜现浇。

由于装配整体式剪力墙体之间接缝数量多且构造复杂，接缝的构造设计及施工质量对结构整体的抗震性能影响较大，使其结构抗震性能很难等同于现浇结构。因此，装配整体式剪力墙结构的最大适用高度相比现浇结构要低。

装配整体式剪力墙结构中的预制构件类型主要包括剪力墙外墙板、剪力墙内墙板、内隔墙板、外挂墙板等。

（1）预制混凝土剪力墙外墙板

预制混凝土剪力墙外墙板目前都做成夹心保温外墙板，是集承重、围护、保温、防水、防火等功能于一体的重要装配式预制构件，由内叶墙板、保温材料、外叶墙板三部分组成，其中内叶墙板为预制混凝土剪力墙，保温层为中间层，外叶墙板为外饰面（见图 3.29）。

当预制外墙采用夹心墙板时，应满足外叶墙板厚度不应小于 50 mm，且外叶墙板应与内叶墙板可靠连接；夹心墙板的夹层厚度不宜大于 120 mm；作为承重墙时，内叶墙板应按剪力墙进行设计。

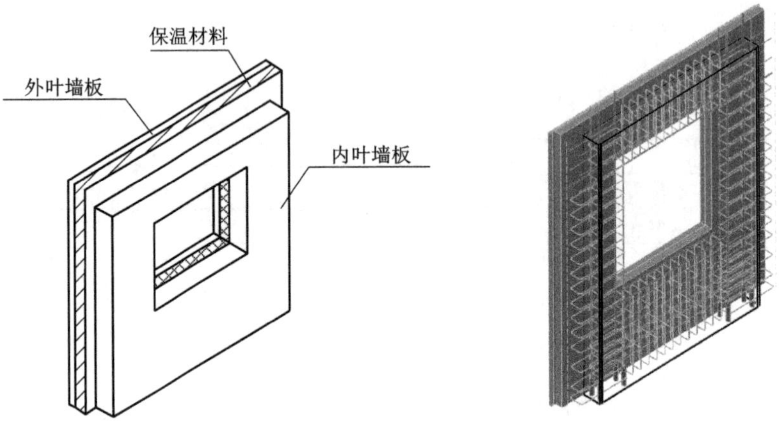

图 3.29　夹心保温外墙板结构示意图

（2）预制混凝土叠合剪力墙

在德国，叠合墙板做地下室的挡土墙是非常成熟的体系，这种建造方式被大量采用。叠合墙板不仅达到了装配式剪力墙的结构要求，而且有很好的防水功能。这要归功于叠合墙板的防水理念，即目标式的防水理念。传统的现浇混凝土地下室，其挡土墙都是整浇为一个整体，设后浇带，再设附加外防水层，即多道防水。不均匀沉降、温度变形等外力因素会造成混凝土开裂，但又不知道什么地方会开裂，所以希望二道防水起作用，因此要对整个地下室外墙做外包防水。而叠合板体系地下室，侧墙叠合墙板的拼缝虽然是整体连接，但相对于墙板本身位置来说还是薄弱处，因而外力作用下会在墙板拼缝处开裂，所以用好的防水方式及材料处理好拼缝局部防水，就能保证地下室的防水功能（见图 3.30 和图 3.31）。

图 3.30　叠合板式剪力墙

图 3.31　预制管廊

叠合板式预制剪力墙沿厚度方向分为三层，其中外层预制，中间层现浇，通过桁架钢筋连接。预制混凝土板及其内部的钢筋网与上下层不相连接，但其具有很好的防水功能，特别适用于地下结构。

3.3　装配式混凝土建筑案例

3.3.1　新加坡交织大楼

新加坡交织大楼占地面积 8 hm^2,总建筑面积约为 1.7×10^5 m^2,设有 1 040 套公寓以及开阔的室外空间和景观(见图 3.32 和图 3.33)。

图 3.32　新加坡交织大楼

图 3.33　新加坡交织大楼鸟瞰图

该项目共有 31 栋住宅，每栋 6 层高，尽管看起来不高耸入云，却拥有相当于 24 层楼的高度。建筑以六边形的格局相互连接叠加，构成 6 个超大尺度的通透庭院，其交织的空间包括空中花园、私人和公共屋顶平台，为人们提供休闲娱乐的场地。

该项目当初设计了 7 个预制重型脚手架分段套件，同时大量使用预制构件，包括民防门框、楼梯、种植箱和双层板。与现浇施工相比，这些预制构件使生产率提高了约 80%。

3.3.2 （合肥）包河区兰州路公租房设计

（一）工程概况

本项目为装配整体式剪力墙结构，共有 7 个子项（见图 3.34 和表 3.4），分别为 1#、3# 住宅楼，4# 住宅楼，2# 住宅楼及配套用房，5# 住宅楼，1# 配套公建，地下车库，1# 变配电所。

图 3.34 （合肥）包河区兰州路公租房项目

表 3.4 项目建设内容

子项名称	建筑面积（m^2）			建筑层数（层）	建筑高度（m）	建筑类别	耐火等级
	地下	地上	合计				
1#、3# 住宅楼	1 121.20	11 890.96	13 012.16	24/-2	68.7	高层住宅	一级
4# 住宅楼	1 121.20	11 945.07	13 066.27	24/-2	68.7	高层住宅	一级
2# 住宅楼及配套用房	1 198.48	13 081.21	14 279.69	18/-1	52.7	高层住宅	二级
5# 住宅楼	698.51	12 137.40	12 835.91	18/-1	51.9	高层住宅	二级

续表

子项名称	建筑面积(m²)			建筑层数（层）	建筑高度（m）	建筑类别	耐火等级
	地下	地上	合计				
1# 配套公建	0.00	1 102.47	1 102.47	3/0	12.6	多层公建	二级
地下车库	4 204.35	186.66	4 391.01	1/−1	2.7	汽车库	一级
1# 变配电所	0.00	288.00	288.00	1/0	6.1	配套用房	一级

（二）工程项目设计

1. 预制构件标准化设计

首先，在设计阶段将住宅的各种构件拆分成标准部件，做到模具定型化，然后在工厂里用专用高精度模具预制加工生产，形成带装饰面及保温层的预制混凝土外墙板和阳台，带管线应用功能的内墙板、叠合梁板、柱、楼梯等构件部品，通过蒸汽养护成型后运到现场，采用大型吊装机械将各种构件现场装配，就位后再将构件之间的节点现浇连接成整体，形成完整的主体建筑结构。

该项目主要的预制部品包括复合夹心保温外墙板、内墙板、隔墙板、叠合板、楼梯、空调板，整体预制率为 75.4%（见表 3.5）。

表 3.5　1#、2#、3#、4#、5# 预制构件种类及数量

楼号	层号	预制剪力墙	预制剪力外墙	预制叠合板	预制楼梯	公共区隔墙	公共区外墙	阳台外填墙	备注
1#	1~4 层	20	12	44	144	96	6(4)	576	括号内的数字表示首层
	5~23 层	24	32	44			6		
	24 层	24	32	39			6		
合计	3 257	560	688	1 051	144	96	142	576	
2#									
合计	0	0	0	0	0	0	0	0	
3#	1~4 层	20	12	44	144	96	6(4)	576	括号内的数字表示首层
	5~23 层	24	32	44			6		
	24 层	24	32	39			6		
合计	3 257	560	688	1 051	144	96	142	576	

续表

楼号	层号	预制剪力墙	预制剪力外墙	预制叠合板	预制楼梯	公共区隔墙	公共区外墙	阳台外填墙	备注
4#	1~4 层	20	12	44	144	96	6(4)	576	括号内的数字表示首层
	5~23 层	24	32	44			6		
	24 层	24	32	39			6		
合计	3 257	560	688	1 051	144	96	142	576	
5#									
合计	0	0	0	0	0	0	0	0	
总计		1 680	2 064	3 153	432	288	426	1 728	9 771

2. 核心技术

（1）连接设计

包河项目 1#、2#、3#、4#、5# 单体采用预制装配整体式剪力墙结构，该技术体系的核心特点是结构连接采用竖向和水平两种连接方式，竖向连接采用预留孔插入式浆锚连接方式，水平连接采用钢筋插销方式和叠合楼板、梁节点现浇方式。

（2）复合夹心保温外墙板的设计（设计依据）

复合夹心保温外墙板的设计采用构件的装饰层、保温层、结构层同时加工，其技术特点：一是粘挂可靠、无冷桥产生，减少返潮和结露现象，可满足不同地区建筑节能、外维护结构保温隔热和防火的要求；二是自带装饰技术，节省了现场抹面工序；三是设置了三道防水层（现浇防水层、构造防水层、密封膏防水嵌缝），解决了传统工艺外墙渗漏的问题。

（3）内墙板设计

内墙板构造特点：满足主体承重要求，竖直连接部分采用插入式预留孔灌浆锚固技术，水平方向采用钢筋插销、现浇的方式，保证了主体的完整性；工厂化生产，质量稳定；减少现场抹面工序和湿作业，将传统的装饰操作面层平铺在平台上，平整度更容易保证，平整度控制在 2 mm 以内；产品自带各种管线预埋功能，满足要求；可预设空心结构内墙，无须现场湿作业抹灰，隔声效果好。

技术提示

熟悉《装配式混凝土结构技术规程》（JGJ 1—2014）、《装配式混凝土建筑技术标准》（GB/T 51231—2016）和《混凝土结构设计规范》（GB 50010—2010）等相关国家标准及规范，装配整体式框架结构、装配整体式剪力墙结构的连接设计、构造要求等技术难点。

基础训练

一、填空题

1. 装配式建筑是指(　　)、(　　)、(　　)、(　　)的主要部分采用预制部品部件集成的建筑。

2. 装配式建筑按照结构体系的不同,可分为装配式(　　)建筑、装配式(　　)建筑、装配式(　　)建筑三种类型。

3. 装配式混凝土结构是装配式建筑中应用量最大、设计建筑类型最多的结构体系,包括(　　)、(　　)和装配整体式框架—现浇剪力墙(核心筒)结构体系等。

4. 装配式混凝土建筑设计应按照通用化、(　　)、(　　)的要求,以少规格、多组合的原则,实现建筑及部品部件的系列化和多样化。

5. 根据框架节点连接方式不同,装配整体式框架的节点主要包括(　　)和(　　)两大类。

6. 装配整体式框架结构的主要预制构件有(　　)、(　　)、(　　)等。

7. 装配整体式框架结构预制构件的钢筋连接主要采用(　　)与(　　)两种技术手段。

8. PK板是一种新型叠合楼盖产品,是(　　)的简称。

9. 叠合梁预制部分可采用(　　)或(　　)截面形式。

10. 预制混凝土框架柱是建筑物结构的主要(　　)受力构件,一般采用(　　)截面。

11. 装配整体式剪力墙结构中的预制构件类型主要包括(　　)、(　　)、(　　)和外挂墙板等。

12. 预制混凝土剪力墙外墙板是集承重、围护、保温、防水、防火等功能于一体的重要装配式预制构件,由(　　)、(　　)、(　　)三部分组成。

二、简答题

1. 什么是装配式建筑?

2. 什么是装配式混凝土结构?有哪些结构类型?

3. 简述装配式混凝土建筑的特征。

4. 简述全装配混凝土结构与装配整体式混凝土结构的含义及区别。

5. 简述套筒灌浆连接的工作原理。

6. 简述钢筋浆锚连接的工作原理。

7. 简述预制混凝土钢筋桁架叠合板的特点。

8. 简述PK板的优点。

第 4 章　装配式钢结构建筑

知识目标

1. 了解装配式钢结构的概念。
2. 了解装配式钢结构的分类。
3. 了解装配式钢结构国内外发展状况。
4. 了解装配式门式刚架结构的特点。
5. 了解装配式钢框架结构的特点。

职业目标

1. 正确认识钢结构建筑与装配式钢结构建筑的区别。
2. 熟悉《装配式钢结构建筑技术标准》（GB/T 51232—2016）。

学习课件

扫一扫

本章课件

4.1　装配式钢结构建筑的概念、特征

装配式钢结构建筑（Assembled Building with Steel-structure）是指结构系统由钢部（构）件构成的装配式建筑。

作为一种全装配式的建筑结构形式，装配式钢结构的所有结构构件均在钢结构加工厂完成生产加工，运至施工现场后，通过螺栓连接、焊接等方式组装成最终结构，本身不包括湿作业，具有施工速度快、现场人员少、对环境的影响小等特点，是一种装配程度极高的结构形式。

2017 年 6 月 1 日，为规范我国装配式钢结构建筑的建设，按照适用、经济、安全、绿色、美观的要求，全面提高装配式钢结构建筑的环境效益、社会效益和经济效益，国家标准《装配式钢结构建筑技术标准》（GB/T 51232—2016）正式实施。该规范明确规定，装配式钢结构建筑应将结构系统、外围护系统、设备与管线系统、内装系统集成，并应标准化设计、工厂化生产、装配化施工、一体化装修、信息化管理和智能化应用。发展装配式钢结构建筑是建造方式的重大变革，是推进供给侧结构性改革和新型城镇化发展的重要举措，有利于节约资源、减少施工污染、提升劳动生产效率和质量安全水平，有利于促进建筑业与信息化、工业化深度融合，培育新产业、新动能，推动化解过剩产能。

装配式钢结构建筑体系主要由主板、钢柱、斜撑组成，压型钢板混凝土组合楼板、桁架梁以及柱座在工厂预制为整体主板，集成各类管道后作为装配模块，该体系装配过程实现全栓连接，在保证强度的前提下达到易安装、易拆卸、易维护的目的。

钢结构最大的优势是强度高，自重轻，可以实现更大的跨度，可灵活布置。因此能够做到在不同家庭人口模式下自由分隔空间，从而满足不同人生阶段家庭生活的需求，更容易实现可自由分隔的“百变户型”，最大程度体现出钢结构住宅的优势，实现宅随心动。另外，钢结构住宅最大的缺点是隔声差、钢结构防腐和防火性能差。因此，为更好地推动装配式钢结构建筑的应用与发展，需要在传统钢结构体系的基础上研发一种新型的建筑体系，在充分发挥钢结构优势的基础上，避免钢结构隔声差、防腐和防火性能差，让人们能够接受钢结构建筑，并在此基础上尽量降低造价，实现装配化。

4.1.1　装配式钢结构建筑的概念

建筑钢结构是符合装配式建筑特点的结构形式。钢结构的结构构件完全是在工厂完成加工，在现场仅通过拼装来完成结构施工。那么钢结构（装配式钢结构）建筑的产业化不仅包括结构专业，而且包括建筑、机电设备、建材、部品、装修等全部专业；不仅涉及生产和施工

环节，而且涵盖设计、验收、运营维护的建筑全寿命周期。

1. 装配式钢结构建筑的特点

相对于装配式混凝土建筑而言，装配式钢结构建筑具有以下优点。

①没有现场现浇节点，安装速度更快，施工质量更容易得到保证。

②钢结构是延性材料，具有更好的抗震性能。

③钢结构自重更轻，基础造价更低。

④钢结构是可回收材料，更加绿色环保。

⑤精心设计的钢结构装配式建筑，具有更好的经济性。

⑥梁柱截面更小，可获得更多的使用面积。

⑦外墙体系与传统建筑存在差别，较为复杂。如果处理不当或者没有经验，防火和防腐问题需要引起重视。

⑧如设计不当，比传统混凝土结构更贵，但相对装配式混凝土建筑而言，仍然具有一定的经济性。

2. 装配式钢结构节点与围护系统

装配式钢结构推荐采用螺栓连接节点。螺栓连接（免焊连接）的好处：安装速度快；更加容易控制施工质量；现场焊缝是钢结构容易发生腐蚀的主要部位（油漆现场处理很难保证质量），全螺栓连接可以避免，并可以做到油漆全部在工厂涂装，大大提高了钢结构的防腐蚀性能。装配式钢结构适用于三层以下房屋的冷弯薄壁系统，通过自攻钉等连接件，已经实现了现场无任何焊缝；分层框架体系亦采用全螺栓连接，施工速度大大提高。

对于装配式建筑，围护系统是一个关键因素。钢结构系统必须与围护系统配合紧密、和谐统一。经常被使用的“方形柱＋外挂墙板”系统，在办公楼建筑中是一种成熟的建筑结构系统，但用于住宅则会造成住户对装配式建筑产生不良印象，因为住惯了剪力墙结构的中国居民不希望室内能看到梁和墙角柱子。另外，对音桥的细节处理等也是装配式钢结构建筑的关键技术。

4.1.2 装配式钢结构建筑的分类

装配式钢结构建筑可根据建筑功能、建筑高度以及抗震设防烈度分为下列结构体系。

1. 多高层结构体系

多高层结构体系包括钢框架结构体系（见图 4.1 和图 4.2）、钢框架—剪力墙结构体系、钢框架—支撑结构体系、钢框架—核心筒结构体系、轻钢龙骨住宅体系，常用于公共建筑和住宅等。

钢框架结构（Steel Frame Structure）体系是以钢梁和钢柱或钢管混凝土柱刚接连接，具有抗剪和抗弯能力的结构。该体系具有开间大、使用灵活，充分满足建筑布置上的要求；受力明确，建筑物整体刚度及抗震性能较好；框架杆件类型少，可以大量采用型材，制作安装简单，施工速度较快等优点。但该体系在强震作用下，抵抗侧向力所需梁柱截面较大，导致其用钢量大。因此，该体系一般适用于 66 层以下的多层住宅。

图 4.1　南宁保税物流中心综合大楼

图 4.2　南宁保税物流中心综合大楼施工图

钢框架—支撑结构（Steel Braced Frame Structure）体系是由钢框架和钢支撑构件组成，能共同承受竖向、水平作用的结构，钢框架—支撑结构体系可分为框架—中心支撑、框架—偏心支撑和框架—屈曲约束支撑结构等。

钢—混凝土混合结构体系是近年来在我国迅速发展起来的一种新型结构体系，由于其降低结构自重、减小结构截面尺寸、加快施工进度等方面的优势显著，已引起工程界和投资商的广泛关注，目前已有大量高度在 150~200 m 的建筑甚至更高的高层建筑采用钢—混凝土混合结构。其中最广泛的是钢框架—核心筒及钢框架—筒中筒混合结构体系。钢框架—核心筒建筑中，核心筒主要承担地震剪力，钢框架分担较少。在非抗震区，建筑高度可达到 210 m。如唐山浭阳二期 4 号楼（见图 4.3）为装配式钢结构住宅示范楼，结构形式为钢框架—支撑—剪力墙结构，楼板和墙体均为装配式结构，墙体采用混凝土与钢梁整体预制，楼板采用装配式叠合密肋楼板。

2. 单层厂房门式刚架结构体系

单层厂房门式刚架结构体系分为有吊车和无吊车两种，常用于轻型的工业厂房、仓库、超市、活动房间等。

门式刚架结构（Light-weight Building with Gabled Frames）是指承重结构采用变截面或等截面实腹刚架，围护系统采用轻型钢屋面和轻型外墙的单层结构。门式刚架结构是近年来迅猛发展的一种结构体系，该结构的上部主构架包括刚架斜梁、刚架柱、支撑、檩条、系杆山墙骨架等。门式刚架轻型房屋钢结构具有受力简单、传力路径明确、构件制作快捷、便于工厂化加工、施工工期短等特点。

3. 交错桁架结构体系

交错桁架结构体系（Staggered Truss Framing Structure）的基本结构组成是柱子、平面桁架和楼面板，柱子布置在房屋的外围，中间无柱。桁架的高度与层高相同，长度与房屋宽度相同。桁架两端支承于外围柱子上，桁架在相邻柱子上上、下层交错布置，楼面板一端搁置在桁架的上弦杆，另一端搁置在相邻桁架的下弦杆，桁架或支撑均包在分户墙上，在顶层，无法使桁架交错排列，可采用立柱支承楼面；在底层，若想获得无柱空间，可在二层设吊杆支承楼面。

4. 超高层建筑筒体结构、巨型结构体系

筒体结构（Tube Structure）建筑系指由一个或几个密柱形筒体构成高耸空间抗侧力及承重结构的高层建筑，在现代高层建筑中广泛应用。目前，世界上的高层建筑多是筒体结构，如美国芝加哥的约翰·汉考克大厦、西尔斯大厦（见图 4.4）、标准石油公司大厦和纽约的世界贸易中心大厦等。

巨型结构（Mega Structure）体系系指整幢结构用巨柱、巨梁和巨型支撑等巨型杆件组成空间桁架，相邻立面的支撑交汇在角柱，形成巨型空间桁架结构。

图 4.3　唐山浭阳二期 4 号楼

图 4.4　西尔斯大厦

4.1.3　装配式钢结构建筑的特征

所谓装配式钢结构建筑，指的不是装配式钢结构，而是以钢结构作为承重结构的装配式建筑。众所周知，钢结构生来就是装配式的，即便是局部的现场焊接，也不改变其构件工厂化制作的事实。所以，应该着眼于构成整个建筑的部品部件的工厂预制化程度和现场安装效率，而不仅仅是钢结构，这是实现建筑工业化的根本所在。

1. 设计标准化

建筑设计、结构设计符合建筑全寿命周期的可持续原则。设计中实现了主体结构、装修和设备管线的装配集成化，实现了平面设计标准化、模数化、模块化、系列化。

2. 生产工厂化

钢结构建筑的结构构件大多在工厂制作，安装方便，适宜大批量生产，这改变了传统的建造方式，实现了从“建造房屋”到“制造房屋”的转变，促进了建筑业从粗放型到集约型的转变，同时促进了生产力的发展。

3. 施工装配化

装配式钢结构建筑的工业化程度高，施工速度快，没有现场现浇节点，成品安装一步到位，在工序上不拖泥带水。因此，其施工周期短，能够减少投资成本，具有现金回收快、机械设备费用低等明显优势。

4. 装修一体化

装配式钢结构建筑结构、机电、装修一体化，设计、加工、装配一体化。项目装修与建筑、结构、机电设计同步一体化进行，将功能条件前置，管线安装、墙面装饰、部品安装一次完成，避免重复浪费，避免在已有建筑构件上打凿、穿孔，在保证结构安全的同时，减少了噪声和建筑垃圾。钢结构公共建筑采用幕墙和楼承板的居多，配套设施已经基本形成体系。

5. 管理信息化

装配式钢结构建筑的技术、管理、市场一体化，以信息化带动工业化，实现了企业管理现代化。装配式建筑的技术与先进的管理理念相融合，有利于转变企业生产方式、经营方式、业务流程、传统管理方式和组织方式，重新整合企业内外部资源，提高企业效率和效益，增强企业竞争力，从而改变建筑业粗犷式的管理模式。

住宅类装配式钢结构建筑的标准还不完善，部分公司自己研发的专有结构体系与现有规范冲突，尤其是装配式钢结构的部品部件质量验收，很大部分涉及工厂生产的产品监管，如何实施，在目前的规范层面还存在一定的问题。

在住宅中，存在室内露梁柱、外墙漏水、隔声差、墙体开裂、围护部品以及构造技术不完善等问题。实际上部品选择得当、构造合理的围护体系，装配式钢结构建筑完全可以实现和混凝土剪力墙等同的居住舒适性。这些问题随着建筑围护部品配套的逐步成熟和工程技术的进步，正在得到有力改进。

4.2　装配式钢结构体系

4.2.1　装配式钢结构住宅体系的概念及特点

1. 装配式钢结构体系概述

各国对住宅体系的理解和做法不尽相同，但一般是指住宅的主体工程，由于选用不同的结构材料、结构类型和施工方法，故形成不同的住宅产品，并构成相应的若干从设计到建造的成套技术。钢结构住宅建筑体系以其采用的钢结构形式作为建筑体系分类的依据，成为建筑体系中的一个分支。通常所说的钢结构住宅是指以工厂生产的经济钢型材构件作为承重骨架，以新型轻质、保温、隔热、高强的墙体材料作为围护结构而构成的居住类建筑。钢结构住宅产业化即是以钢结构住宅为最终产品，通过社会化大生产，将钢结构住宅的投资、开发、设计、施工、售后服务等过程集中统一为一个整体的组织形式。钢结构住宅产业化是钢结构住宅发展的趋势。

2. 钢结构住宅体系的特点

钢结构住宅与传统的建筑形式相比，具有以下一些特点。

①重量轻、强度高。由于以钢结构作为承重结构，以新型建筑材料作为围护结构，一般用钢结构建造的住宅重量是钢筋混凝土住宅的二分之一左右，减小了房屋自重，从而降低了基础工程造价。此外，由于竖向受力构件所占的建筑面积相对较小，因而可以增加住宅的使用面积。同时由于钢结构住宅采用了大开间、大进深的柱网，为住户提供了可以灵活分隔的大空间，能满足用户的不同需求。

②工业化程度高，符合产业化要求。

③施工周期短。一般三四天就可以建一层，快的只需一两天。钢结构住宅体系大多在工厂制作，在现场安装，现场作业量大为减少，因此施工周期可以大大缩短，施工中产生的噪声和扬尘以及现场资源消耗和各项现场费用都相应减少。与钢筋混凝土结构相比，一般可缩短工期二分之一，提前发挥投资效益，加快资金周转，降低建设成本 3%~5%。

④抗震性能好。由于钢材是弹性变形材料，因此能大大提高住宅的安全可靠性。钢结构强度高、延性好、自重轻，可以大大改善结构的受力性能，尤其是抗震性能。从国内外震后情况来看，钢结构住宅建筑的倒塌数量很少。

⑤符合建筑节能发展方向。以钢材作为框架，保温墙板作为围护结构，减少了水泥、砂、石、石灰的用量，减轻了对不可再生资源的破坏。现场湿法施工减少，施工环境较好。同时，钢材可以回收再利用，建造和拆除时对环境污染小，节能指标可达 50% 以上，故钢结构住宅属于绿色环保建筑体系。

⑥钢结构在住宅中的应用，为我国钢铁工业打开了新的应用市场，还可以带动相关新型建筑材料的研究和应用。

4.2.2 国内外装配式钢结构的发展历史

1. 装配式钢结构体系在国外的发展历史

随着工业革命的开始，一些发达国家的钢铁工业规模迅速扩大，钢结构住宅得到初步发展。时至今日，钢结构住宅技术在世界发达国家的发展历史已达百余年。在欧美和日本等地，建筑用钢量已达钢产量的三成以上，钢结构建筑面积约占总建筑面积的四成以上，形成了各自的钢结构住宅体系。

法国是最早推广住宅工业化的几个国家之一。经历了几十年发展的法国钢结构住宅体系，目前已经成功过渡至应用体系，主要应用于多层集合式住宅。

英国的钢结构住宅体系，根据预制单元的工厂化程度不同分为三个等级："Stick"结构，杆件在工厂加工制作，全部运输至现场后，用螺栓或自攻螺栓连接；"Panel"结构，钢构件以及墙板和屋面板等围护结构用专用的模具进行工厂化预制，现场拼接；“Modular”结构，将整个房间作为一个单元全部在工厂预制，此种结构发展较快。

日本是世界上率先兴起住宅产业化的国家。目前，日本的工业化住宅有木结构、钢结构和混凝土结构三种形式，日本每年新建 20 万栋左右的低层住宅，其中钢结构住宅占七成以上。现在日本正在推广的钢结构住宅体系主要有以下几个特点：柱间距 14.4 m，可实现 200 m^2 的大空间内无柱，且可自由分割成 1~3 户；框架采用钢管混凝土柱和 FR 耐火钢（Fire Resistant Steel）梁；地面为 PC 板 + 现浇钢筋混凝土结构，管道置于地板下部的中空空间；外墙板采用 ALC 板、PC 板，内隔墙采用隔声性能高的强化石膏板，均为干式施工，施工速度快；设备与结构构架相独立，便于管道维修。

美国钢结构住宅的建造技术由传统的木结构住宅衍变而来。美国是采用钢结构住宅形式最早的国家之一，1965 年轻钢结构在美国仅占建筑市场的 15%，1990 年上升到 53%，2000 年达到 75%，目前美国的钢框架小型住宅已达 20 万幢，别墅和多层住宅都采用轻钢结构。20 世纪 80 年代至今，美国逐渐实现了主体构件通用化和住宅部品化，构配件达到模数化、标准化和系列化，生产效率显著提高，实现了节能环保。

总体说来，国外的钢结构住宅体系在模数化设计、标准化生产、装配化施工、节能、防火和抗震等方面已非常成熟，尤其是相配套的墙体、楼板等围护部件也非常完善，施工周期特别短，值得我们借鉴和学习。

2. 装配式钢结构体系在国内的发展历史

20 世纪 80 年代，我国的钢结构住宅开始发展；90 年代以来，建设部积极倡导钢结构住宅的开发和应用，组织编制《钢结构住宅建筑产业化技术导则》，并于 2001 年通过钢结构住宅建筑体系及其关键和试点工程的立项。我国最早的钢结构住宅是一幢建于 1994 年的 8 层住宅，目前在北京、山东、上海、天津、湖南、安徽等地，均有建成的钢结构住宅工程试点项目。

2005 年初，建设部在北京组织了无比轻钢龙骨体系评估会，一致同意可在国内将无比轻钢龙骨体系应用于低多层建筑，并决定参考国外同类资料在《门式刚架轻型房屋钢结构技术规范》和《低层轻型钢结构装配式住宅技术要求》中补充相关内容。

我国钢结构试点的工程建设情况：天津太平洋村别墅，采用轻钢龙骨体系，楼板为大跨度预应力空心板，平均用钢量 50~55 kg/m^2，工厂加工时间约 30 d，现场安装时间 40 d 左右；济南市埃菲尔花园，6 层纯钢框架结构体系，H 型钢梁柱，现浇混凝土楼板，LCC 外墙板，综合造价约 1 550 元 /m^2。

由上述内容可以看出，钢结构住宅在我国的发展势头良好，虽然钢结构住宅的综合造价比混凝土结构稍高，但发展前景广阔。在我国大中城市中，由于人口密度较大，土地资源稀少，考虑出房率、土地使用率等因素，各大房地产商开始重视推广新型钢结构住宅建筑体系。

4.3 装配式门式刚架结构

4.3.1 装配式门式刚架结构的特点

常见的门式刚架结构是门式刚架轻型房屋(见图 4.5),其结构一般由主骨架和支撑系统构成。主骨架包括主受力构件门式刚架、墙架、檩条等。支撑系统包括刚架柱之间的垂直支撑,刚架梁之间的水平支撑,刚性系杆、拉条,隅撑等,支撑系统占有很大的比例。

门式刚架轻型房屋钢结构属轻型钢结构的一个分支,这种结构的主要特点如下。

①体现轻钢结构轻型、快速、高效的特点,应用节能环保型新型建材,实现工厂化加工制作、现场施工组装,方便快捷、节约建设周期。

②结构坚固耐用,建筑外形新颖美观,质优价低,经济效益明显。

③柱网尺寸布置自由灵活,能满足不同气候环境条件下的施工和使用要求。

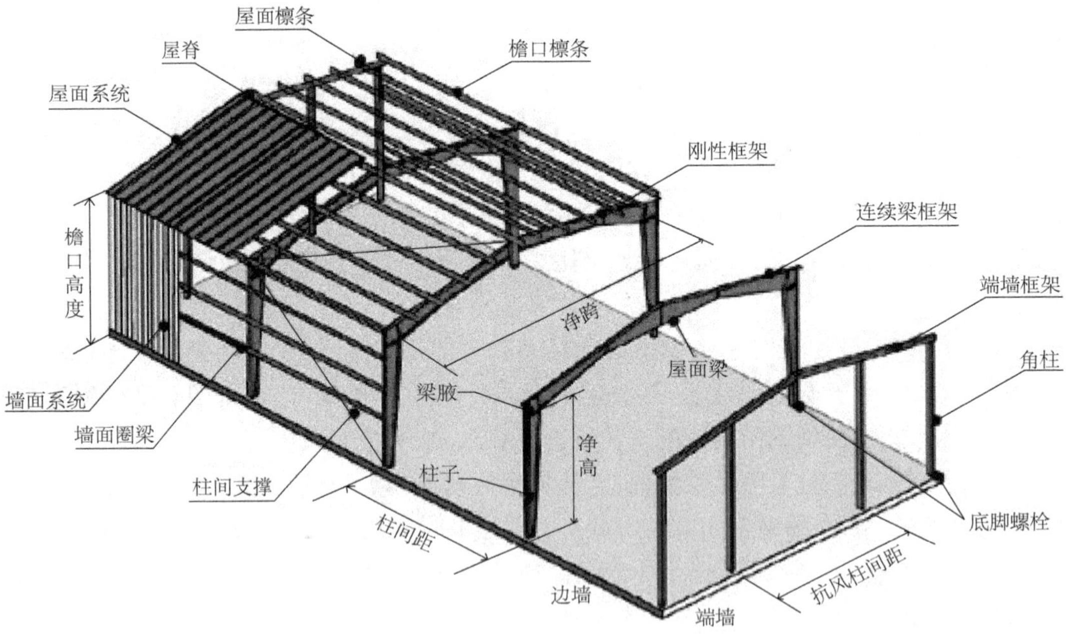

图 4.5 门式刚架结构

4.3.2　装配式门式刚架结构各组成部分及其作用

1. 装配式门式刚架结构各组成部分

(1)焊接实腹式 I 形截面门式刚架承重结构

焊接实腹式 I 形截面门式刚架承重结构由刚架和基础两部分组成。这里需着重指出的是,与传统钢结构体系在受力计算时传力路径明确相比,门式刚架承重结构体系的刚架、檩条(或墙梁)以及压型钢板间通过可靠的连接和支撑相互依托,体系受力更趋向于空间化。门式刚架承重结构主要结构方案,按刚架形式分为无内柱净跨结构和有内柱多跨连续结构两类,前者跨距可达到 48 m,而后者的内柱连续跨距可达到 30 m。应用时还可根据具体工程,采用单坡和多坡以及不等跨、等高多种形式。基础形式多采用钢筋混凝土独立式基础。根据建筑对侧向位移和变形的不同要求,从节约用钢量的角度出发,可采用变截面梁柱、基础铰接结构方案或等截面柱变截面梁、基础刚接结构方案。设计时应依实际情况,选用最合理的刚架承重结构方案。

(2)折叠组合屋面、墙面围护结构

组合屋面和墙面围护结构的主要作用是承受荷载,与支撑系统一起参与纵向传力和空间协同作用。

(3)折叠檩条和墙梁

檩条和墙梁目前主要采用的构件形式是 C 形或 Z 形薄壁型钢,截面大小均要经受力计算后确定。C 形截面与 Z 形截面相比,强弱轴的力学性能差异较大,且与刚架的连接多为螺栓铰接,计算时须按简支考虑(Z 形截面间可通过可靠搭接实现刚接,从而可按连续梁计算)。故从受力状态、计算结果以及构造等角度看,后者更合理一些。所以,除门窗洞口以及其他特殊节点处理需要外,应优先选用 Z 形截面。檩条与墙梁的间距,一般取决于压型板的板型和规格,并须经过力学计算后确定,但从构造要求的角度看,一般不超过 1.5 m。

(4)折叠彩色金属压型钢板

彩色金属压型钢板,按工厂加工制作的成品形式,分成单板和复合板两类。单板主要用于无保温和隔热要求的建筑,依托其内侧檩条或墙梁组合成屋面和墙面围护结构。复合板主要用于有保温和隔热要求的建筑,按相应的施工和加工工艺,分成现场复合板和工厂复合板两大系列。工厂复合板在工厂加工(包括夹心)成成品,现场组合安装,依托其内侧檩条或墙梁,组合成屋面或墙面围护结构。采用此类复合板现场工作量小,施工快捷。规模较大和工期要求较紧的彩板安装项目适合选用此类板,但设备资金投入量较大,须形成一定的经营规模。现场复合板在工厂加工成单板,现场夹心复合。屋面根据不同板型,依托其内侧有时甚至包括内部檩条,夹心后组合成屋面结构。墙面复合板则多利用墙梁作为内檩,夹心后组合成墙面围护结构。现场复合施工周期较长,但设备资金投入量少,适合中小型经营规模。该方式是目前没有形成一定产业规模地区最适用的彩板安装形式。复合板的夹心材料目前主要包括聚苯、聚氨酯泡沫、岩棉和玻璃棉等几类。设计时应根据项目规模、建设周期要求、综合技术水准以及地区产业发展状况酌情选择方案。

（5）折叠支撑系统

支撑系统的主要作用：纵向刚性系杆传递纵向水平力；水平支撑形成局部刚域，抵抗在柱间和屋面梁间传递的水平力作用；隅撑的作用则为约束I形截面远端翼缘板，起到远端翼缘板平面内支座作用，避免形成局部屈曲，或者起出平面支点作用，减小翼缘板的出平面计算长度，从而控制出平面稳定性；全部支撑系统与檩条或墙梁以及刚架一道组成空间体系，参与空间协同工作。刚性系杆构件主要选用型钢和钢管，与刚架通过螺栓铰接，截面大小一般按压杆稳定性要求或通过受力计算来确定。

2. 门式刚架各构件的作用

门式刚架房屋上作用的荷载一般有竖向荷载（结构自重、雪荷载、积灰荷载）、水平荷载（风荷载、吊车刹车力）和地震荷载（水平和竖向）。由于轻钢结构自重较轻，所以对地震的反应也较轻，这一点对抗震非常有利。

建筑物上的各种荷载主要由门式刚架承担并将其传给基础，刚架与基础的连接有刚接和铰接两种形式，一般宜采用铰接。当水平荷载较大，房屋高度较高或刚度要求较高时，也可采用刚接。刚架柱与斜梁为刚接。

刚架的特点是平面内刚度较大而平面外刚度很小，这就决定了它在水平荷载作用时，可承担平行与刚架平面的荷载，而对于垂直刚架平面的荷载却无能为力。

墙架主要承担墙体自重和作用于墙上的水平荷载（风荷载），并将其间接传给主体结构。

檩条承担屋面荷载，并将其传给刚架。檩条还通过螺栓与每榀刚架连接，与墙架梁一起与刚架形成空间结构。

4.4 装配式钢框架结构

钢框架结构是由钢梁和钢柱组成的能承受垂直和水平荷载的结构，用于大跨度或高层或荷载较重的工业与民用建筑（见图4.6）。

民用高层建筑和大跨度厅堂等的钢框架，其杆件可为实腹式也可为构架式。国外的高层建筑采用钢框架较多，工期较长，构件截面和重量较大，如美国纽约帝国大厦和芝加哥西尔斯大厦。

钢框架一般布置在建筑物的横向，以承受屋面或楼板的恒载、雪荷载、使用荷载及水平方向的风荷载及地震荷载等。纵向之间以系梁、纵向支撑吊车梁或墙板与框架柱连接，以承受纵向的水平风荷载和地震荷载并保证柱的纵向稳定。钢杆件的连接一般用焊接，也可用高强螺栓或铆接。

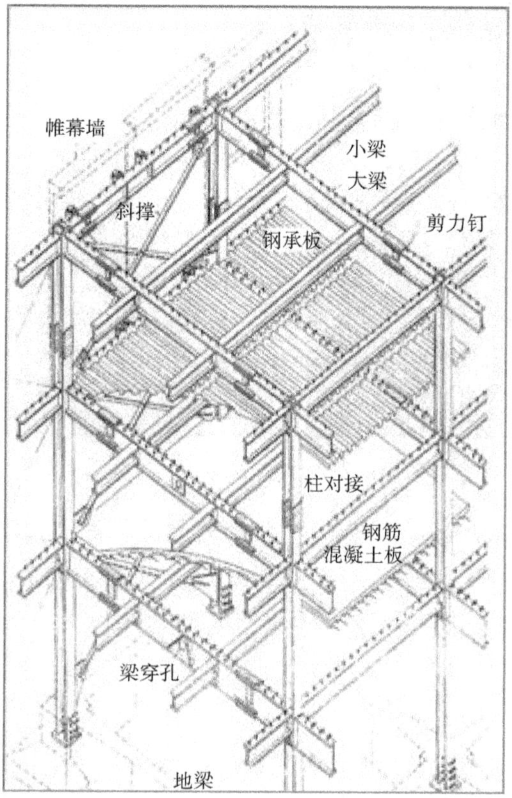

图 4.6　钢框架结构

装配式钢框架结构较多应用于住宅结构中。目前，应用较多的钢结构住宅结构体系有钢框架结构体系、钢框架—剪力墙结构体系、钢框架—支撑结构体系、钢框架—核心筒结构体系、轻钢龙骨住宅体系。

1. 钢框架结构体系的形式、工艺与特点

框架体系的主要受力构件是框架梁和框架柱，它们共同作用抵抗竖向和水平荷载；框架梁有 I 形、H 形和箱形等种类，框架柱有 H 形柱、空心圆钢管或方钢管柱、方钢管混凝土柱等种类。该体系在建筑体系中技术最成熟，使用最多，一般应用于 6 层及以下的低层、多层建筑和抗震设防烈度相对较低的地区，国外 1~3 层住宅也多采用此形式。1994 年，上海北蔡防水材料厂建成一栋 8 层钢结构住宅（见图 4.7），无电梯，钢框架结构，采用冷弯薄壁矩形钢管内浇混凝土柱，U 形冷弯薄壁组合梁，外墙和内墙板均采用压制成型稻草板，用钢量为 34 kg/m^2。

钢框架结构体系（见图 4.8）的优点：梁柱截面小而跨度大，平面布置灵活，可组成较大开间；自重轻，延性好，刚度均匀，抗震性能良好；设计简单，受力和传力体系明确；杆件形状规则，制造和安装都很简单，施工速度快。

钢框架结构体系的缺点：纯框架结构缺少侧向支撑，结构的侧向刚度较小，侧向力作用下的水平位移较大；节点采用刚接或半刚接，震时会产生较大应力集中而导致结构破坏。

图 4.7　上海北蔡防水材料厂钢结构住宅

图 4.8　梁柱钢框架结构体系

2. 钢框架—剪力墙结构体系的形式、工艺与特点

钢框架—剪力墙结构体系是以框架为基础，为增强建筑的侧向刚度，防止侧向位移过大，沿其柱网的两个方向布置一定数量的剪力墙的结构体系。由于剪力墙的抗震性能较好，钢框架—剪力墙结构体系多适用于 7~18 层的小高层及高层住宅和地震区多高层钢结构住宅。

在钢框架—剪力墙结构中，钢框架承担全部的竖向荷载，而钢框架和剪力墙协同承担由水平荷载引起的水平剪力，由于剪力墙的侧向刚度较大，因而采用此种结构体系在多高层建筑中具有很大优势。常见的剪力墙体系有现浇钢筋混凝土剪力墙、钢板剪力墙、预制剪力墙和内藏钢板支撑剪力墙等。

中福城位于上海福州路，由 6 个高层住宅单元通过三层裙房连成一体，工程地下 1 层、地上 17 层，采用钢框架—剪力墙体系，大柱网结构，从地下室开始，全部采用钢结构（见图 4.9 和图 4.10）。

图 4.9　中福城施工现场

图 4.10　中福城施工外观

钢框架—剪力墙结构体系的优点：钢柱的截面尺寸较小，用钢量少，成本较低；侧向刚度较大，整体稳定性较好；结构分析简单，传力路径明确；剪力墙的防火耐火性好，可提高结构的抗火性能。

钢框架—剪力墙结构体系的缺点：当遇到高烈度地震时，框架与剪力墙的节点处易产生应力集中，造成墙体局部破坏；现浇混凝土剪力墙为现场湿作业，施工周期较长，且受天气的影响较大。

3. 钢框架—支撑结构体系的形式、工艺与特点

钢框架—支撑结构体系是在框架体系的部分框架柱之间设置横向型钢支撑，形成支撑框架的结构体系。其中，钢框架主要承受竖向荷载，钢支撑则承担水平荷载，二者形成双重抗侧力的结构体系，该结构体系多适用于高层钢结构住宅。

钢支撑可采用角钢、槽钢和圆钢等，主要用途是增加结构的侧向刚度；支撑体系包括人字形、十字交叉等中心支撑形式和门架式、单斜杆式、V 形和倒 Y 形等偏心支撑形式；支撑结构一般布置在外墙、分户墙、楼梯间和卫生间的墙上，可根据需要在一跨布置或多跨布置（见图 4.11）。

图 4.11　日本长野县钢框架—支撑结构公共住宅

钢框架—支撑结构体系的优点：支撑的设置提高了梁、框架和压轩的承载稳定性；结构侧向刚度较大，有效地减小了梁柱的截面面积，节约了钢材和成本；体系采用全钢构件，便于工厂化加工生产。

钢框架—支撑结构体系的缺点：节点为梁、柱和钢支撑三种构件的连接，构造复杂；传力路线较长，抗侧移效果较差；支撑常常影响洞口的位置设置，降低了建筑布局的灵活性；在钢支撑处无法采用墙板，只能采用砌筑方式。

4. 钢框架—核心筒结构体系的形式、工艺与特点

钢框架—核心筒结构体系是以钢框架为基础，近中心部位通过现浇混凝土墙体或密排框架柱围成封闭核心筒的结构体系。该体系中框架和筒体为铰接，钢框架承担全部竖向荷载，核心筒则承担全部水平荷载，筒体结构一般布置在卫生间或楼 / 电梯间位置。

由于综合受力性能好，钢框架—核心筒体系目前在我国应用极为广泛，特别适用于地基土质较差地区和地震区，新建的高层和超高层建筑几乎都采用钢框架—核心筒体系。

钢框架—核心筒结构体系的优点：节约钢材，造价较低；结构各部分受力分工明确，核心筒抗侧移刚度极强；一般将框架柱布置在阳台和转角部位，不占用住宅的布置空间，且装修方便；核心筒为现浇施工方法，使得卫生间具有良好的防水性能；除筒体部分为现浇外，其余构件均可以工厂化生产，缩短工期达30%~40%。

钢框架—核心筒结构体系的缺点：钢框架与核心筒的刚度差别大，核心筒承担约九成的水平力，强震作用下的钢筋混凝土核心筒很容易破坏；筒体的连接构造复杂，施工技术要求水平较高；混凝土现场作业量很大。

5. 轻钢龙骨结构体系的形式、工艺与特点

轻钢龙骨结构体系多直接采用北美地区的成套技术，在国外中低层住宅和别墅中应用较多。该结构由北美传统木结构房屋衍变而来，一般应用于2~3层的低层钢结构住宅和别墅。制作轻钢龙骨的材料一般分为两类：一类是冷弯薄壁型钢，一般由双C或四C槽钢构成梁柱，自重为普通钢结构的33%~50%；另一类是热轧型钢，一般由间距1.2~2.0 m的轧制矩形钢或H型钢制成钢柱，H型钢制成钢梁。轻钢龙骨的截面形状主要分为C形槽钢和C形立龙骨两类，宽度根据结构部位不同、荷载不同或者构件需要不同而变，一般为60~360 mm不等。轻钢龙骨结构体系的外墙和楼板，均采用经过防腐处理的高强冷弯或冷轧镀锌钢板制作。

轻钢龙骨结构体系的荷载传递方式：柱子与竖向龙骨和支撑、隔板组成受力墙，竖向荷载通过楼面梁传至受力墙的龙骨，再由柱子传至基础，水平荷载则由楼板经承重墙传至基础。

轻钢龙骨结构体系的优点：构件实现工厂化生产，机械化程度高，施工周期短；承重构件梁和柱可以隐藏到墙体内部，装修美观；自重非常轻，仅为砖混结构的1/6~1/4；地基、基础的设计、构造和处理简单。

轻钢龙骨结构体系的缺点：梁柱节点为铰接，整体的抗侧移刚度较小；成本较高；冷弯型钢品种较少，目前国内该体系的工程经验不足。

4.5 装配式钢结构建筑工程案例

1. 项目简介

本项目用地位于浙江省绍兴市柯桥经济开发区GY14-01地块，倪家浦直江以东，滨海大河以北。该项目为3栋集体宿舍楼，宿舍楼的结构布置均相同，底层层高3.3 m，其他层层高3.0 m，共5层，总建筑面积约1.3×10^4 m^2。每栋楼设有112间宿舍，每层设置两部疏散楼梯，均为封闭楼梯间。图4.12为柯北宿舍楼项目立面效果图，图4.13为宿舍楼标准层平面图。本工程为新型建筑工业化集成建筑体系，主体结构为交错桁架钢结构体系，采用高装配化的楼板、外墙、内隔墙等部品部件，现场装配化施工。

图 4.12　柯北宿舍楼项目立面效果图

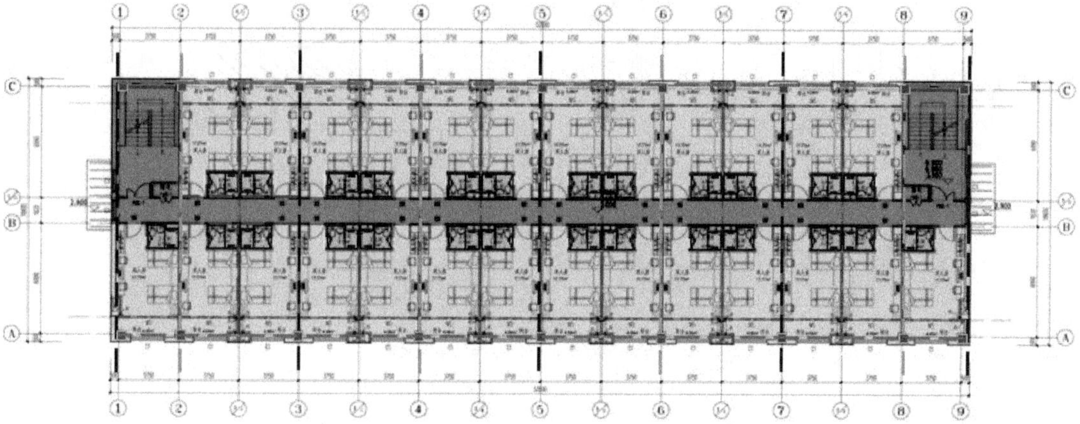

图 4.13　宿舍楼标准层平面图

2. 结构设计

（1）结构布置

图 4.14 为宿舍楼结构平面布置图。图中，沿结构纵向共 15 条轴线，轴线间距为柱距，约 3.9 m，柱子布置在结构的外围，结构中间无柱。

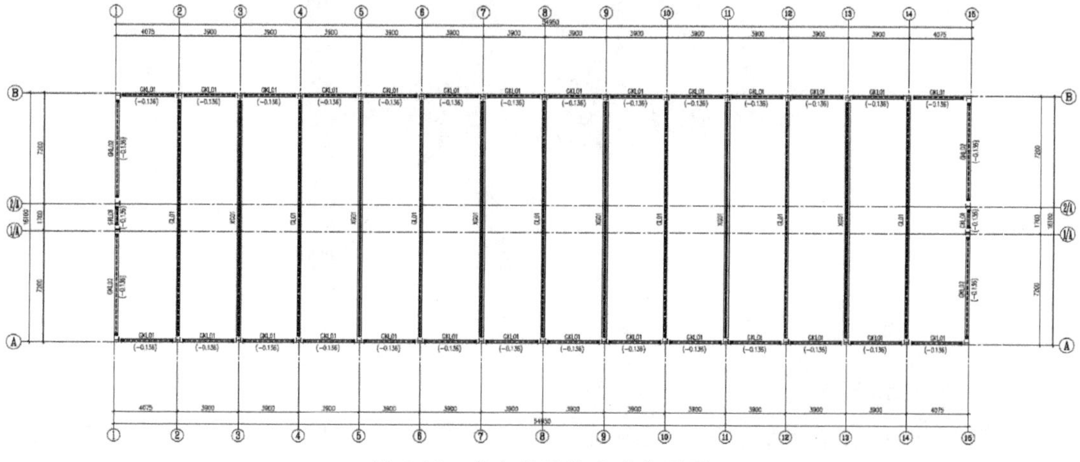

图 4.14　宿舍楼结构平面布置图

（2）施工工况分析

交错桁架结构采用装配式楼板，施工时楼板自重会使弦杆处于不利的受扭状态（见图4.15）。但现行国家规范《钢结构设计标准》（GB 50017—2017）中没有相应的抗扭控制准则，当前常用的结构设计软件如PKPM、MIDAS、ETABS、SAP2000等，在用梁单元进行钢结构设计和验算时也均未考虑梁或杆单元因受扭而产生的应力。为进一步分析交错桁架结构在施工阶段的受力状态，采用ABQUS对结构典型位置进行了弹性有限元分析（见图4.16）。

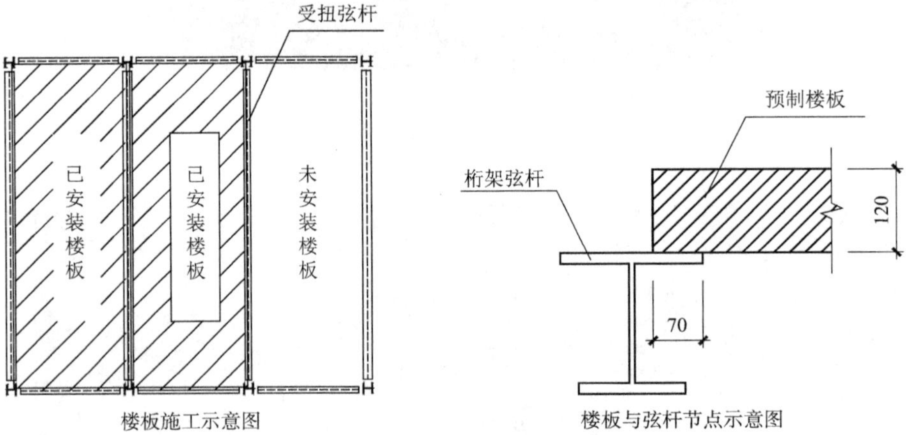

图4.15　楼板施工及楼板与弦杆节点示意图

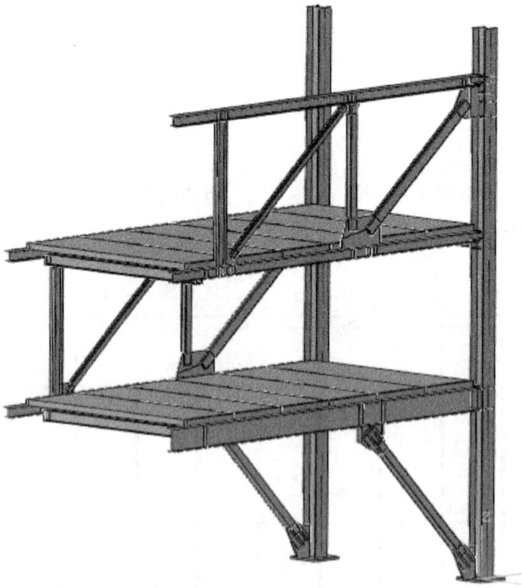

图4.16　结构模型

（3）施工技术措施

本项目中的宿舍楼属于装配式建筑，各结构构件均在工厂加工完成，运至施工现场后只需装配、拼装。图 4.17 为各预制构件运至施工现场并在现场堆放。

图 4.17　构件运输及堆放

图 4.18 为钢柱的起吊、安装过程，本工程中，结构的柱子整根预制并整根安装，施工十分方便。

图 4.18　钢柱的起吊、安装

本项目的桁架均在工厂制作并完成组装，桁架整榀运至现场，现场构件种类少、数量少，并且桁架与柱子实现了全螺栓连接，提高了安装效率，大大缩短了施工工期，较钢框架结构工期缩短 30% 以上。图 4.19 所示为部分建成的宿舍楼结构。

图 4.19　部分建成的宿舍楼结构

技术提示

现代装配式建筑是按照“标准化、模块化”进行设计，将建筑部品（部件）与装饰（装修）按照“工业化、标准化、系列化、一体化”生产，经施工现场“集成化”装配而成，是集“绿色建材、绿色科技、绿色工艺、绿色使用、节能环保、安全经济美观”于一体的绿色建筑模式。

装配式钢结构建筑大体分为门式刚架轻型房屋、钢结构框架体系、交错桁架结构体系。

门式刚架轻型房屋，其结构一般由主骨架和支撑系统构成。主骨架包括门式刚架、墙架、檩条等；支撑系统包括垂直支撑和水平支撑，刚性系杆、拉条，隅撑等，支撑系统占有很大的比例。门式刚架轻型房屋的特点：应用节能环保型新型建材，实现工厂化加工制作、现场施工组装、方便快捷、缩短建设周期；结构坚固耐用、建筑外形新颖美观、质优价低、经济效益明显；柱网尺寸布置自由灵活，能满足不同气候环境条件下的施工和使用要求。

交错桁架结构体系结构主体由纵向外围布置的柱子和横向布置的平面桁架组成，柱布置在结构外围，中间无柱，在纵向由钢梁相连。平面桁架隔跨、错层布置，其跨度等于建筑物的全宽，其高度一般为建筑层高，平面桁架与柱子铰接连接；楼板一端支承在下一层平面桁架的上弦杆上，另一端支承在上一层桁架的下弦杆上。

钢结构框架体系一般由钢梁和钢柱构成。框架体系的主要受力构件是框架梁和框架柱，它们共同作用抵抗竖向和水平荷载。钢结构框架体系的优点：梁柱截面小而跨度大，平面布置灵活；自重轻，延性好，刚度均匀，抗震性能良好；受力和传力体系明确；杆件形状规则，制造和安装都很简单，施工速度快。钢结构框架体系的缺点：纯框架结构缺少侧向支撑，结构的侧向刚度较小，侧向力作用下的水平位移较大；节点采用刚接或半刚接，震时会产生较大应力集中。

钢框架结构体系还包括钢框架—剪力墙结构体系、钢框架—支撑结构体系、钢框架—核心筒结构体系、轻钢龙骨结构体系等。

基础训练

一、判断题

1. 装配式钢结构推荐采用螺栓连接节点。(　　)

2. 纵向刚性系杆传递横向水平力。(　　)

3. 刚性系杆的间距主要取决于刚架构件的出平面稳定性要求，一般应为 12~18 m。(　　)

4. 钢框架—支撑结构体系中，钢框架主要承受竖向荷载，钢支撑则承担水平荷载，形成双重抗侧力的结构体系。(　　)

5. 由于钢结构天然具有装配式建筑的特点，所以装配式钢结构与普通钢结构并无不同。(　　)

6. 钢框架—核心筒结构体系中，核心筒会承担全部水平荷载。(　　)

二、简答题

1. 什么是装配式钢结构建筑？

2. 装配式钢结构建筑和钢结构建筑的区别有哪些？

3. 装配式钢结构的优点有哪些？

4. 装配式钢结构建筑的分类有哪些？ 各自有什么特点？

5. 为什么装配式钢结构连接采用螺栓连接？

第 5 章 装配式木结构建筑

知识目标

1. 了解装配式木结构建筑的概念。
2. 掌握装配式木结构建筑的分类。
3. 掌握装配式木结构建筑的特征等。

能力目标

1. 熟悉国内外典型木结构建筑。
2. 了解国内外装配式木结构建筑的发展现状及发展前景。

学习课件

扫一扫

本章课件

5.1　装配式木结构建筑的概念、特征

5.1.1　装配式木结构建筑的概念

装配式木结构是指采用工厂预制的木结构组件和部品，以现场装配为主要手段建造而成的结构，包括装配式纯木结构、装配式木混合结构等。

1. 国外木结构建筑发展现状

在欧美、日本等发达地区和国家，木材仍是最重要的建筑材料，70% 的独立住宅为轻型木结构建筑，北美地区这一比例甚至高达 90%。同时，高层木结构建筑也不断涌现。

木结构的发展应用呈现两个特点。一是木结构产品能够标准化和规格化生产，生产效率高。如轻型木结构所用规格材和木基结构板，都是标准化和规格化的工业产品，可以大批量生产，价格低廉；用钉连接是轻型木结构最简捷的连接方式，施工效率高。二是人工改良的木材即工程木得到发展应用，胶合木等工程木产品代表了这一发展趋势，适用于建造大型复杂木结构。采用胶合木、建于 1997 年的日本秋田县大馆市海树体育馆，其跨度达 178 m，系木结构跨度之最（见图 5.1 和图 5.2）。大跨度空间木结构（见图 5.3 和图 5.4）是一个国家木结构技术发展水平的标志。

图 5.1　日本秋田县大馆市海树体育馆（外部）

图 5.2　日本秋田县大馆市海树体育馆（内部）

图 5.3　挪威奥尔内斯木板教堂

图 5.4　日本东大寺

2. 我国木结构建筑发展现状

中国古代木结构建筑世界闻名，多数著名古建筑设计都出自一个家族——“样式雷”之手。“样式雷”是对清代宫廷建筑大师雷发达一家祖孙七代的褒奖和赞誉。从清初到清末的 200 多年里，这个家族的祖孙七代一直连续担任清朝内务府和工部共管的专门负责皇家建筑设计和监督施工的“样式房”的掌案（相当于总设计师），因而人们称这个家族为“样式雷”。这个家族的建筑作品概括起来有一坛（天坛）、二宫（北京故宫（图 5.5）、承德离宫及外八庙）、二陵（清东陵、清西陵）、三山（万寿山、玉泉山、香山）、三海（北海、中海、南海）、五园（圆明园、颐和园、静明园、静宜园、畅春园）。在我国已经列入世界文化遗产的名录中，“样式雷”世家的作品占五分之一。“样式雷”世家留下来的建筑图档、烫样、工程做法等资料及相关的文献，现存于国家图书馆和清华大学图书馆，共 2 万多件。

图 5.5　北京故宫

近 10 年来，木结构建筑在我国的发展较快：一是轻型木结构获得大量应用；二是胶合木结构逐渐兴起。木结构房屋具有低碳环保、节能保温、抗震安全、建造速度快等优势，在舒适度和结构灵活性等方面，也有着传统砖混结构建筑无可比拟的优越性。近年来，在全球倡导绿色低碳发展的大背景下，我国停滞了几十年的木结构建筑开始复苏。其中，具有代表性的实例有杭州香积寺(图 5.6)、苏州胥江木拱桥(图 5.7)、柳州开元寺等工程(见图 5.8 至图 5.11)。

图 5.6　杭州香积寺

图 5.7　苏州胥江木拱桥

图 5.8　四川鸿恩阁

图 5.9　唐大明宫复原图

图 5.10　唐代忻州南禅寺

图 5.11　应县木塔

5.1.2 装配式木结构建筑的特征

装配式木结构建筑的主要特征有以下几个。

①施工期短：木结构房屋的施工期大约是传统结构房屋的 1/2，为开发商提供了最快的资金回笼时间。传统结构房屋的施工期是 6~10 个月，木结构房屋的施工期是 3~4 个月；完工时传统结构房屋是毛坯房，而木结构房屋是精装修的、马上可入住的家。比如一幢 300 m^2 的建筑，8~12 个专业工人 70 个工作日即可完成连装修在内的所有工程，达到入住条件，并且建造过程由木工（干作业）完成，施工误差小、精度高，施工现场污染小。

②设计灵活：木结构房屋在房型设计方面更灵活，改变结构简便，不必拘泥于传统结构房屋的许多限制条件，从而为开发商适应市场开发新房型提供极大方便。由于木材自身重量轻，木结构设计基本为大梁与楼面混为一体，能将住宅使用的方便性最大化，且得房率高，空间布局灵活，适合定制式住宅。

③低传导性：木材是很好的绝缘体，传导性低，保温和御寒性能均很好，由于木材具有极大的热阻，抗击热冲击的性能很好，不会出现冷热桥现象，隔热效果好，运营能耗低，相比之下，木结构比钢结构的性能好 15%~70%（最低值与最高值）。

④防火性能：木材遇火灾时，木表面会形成炭化层（称为炭化效应），其低传导性可有效阻止火焰向内蔓延，从而保证整个结构体在很长时间内不受破坏。而钢结构的极佳热传导性会导致整个钢结构迅速升温、软化、掉落。

⑤无水凝结性：在四季分明或冷热温差大的地区，钢结构会因内外温差原因产生冷凝汽，造成水腐蚀其他保温层等材料，久而久之，会对整个结构体产生不良影响。这也是美国、日本等发达国家少采用钢结构住宅的原因之一。而木结构则不存在这个隐患。木结构本身的平衡性优于其他结构，木材在经过处理后物理性质稳定，不会轻易发生变形或化学反应。

⑥抗震性：木结构采用六面体“箱式”结构设计原理，在抗击外力时具有超强的稳定性，所以其具有突出的抗震性能。木结构在世界多次大地震中已充分显示了它绝佳的抗震性。

⑦环保性：木结构具有配套材料和部件的技术合理性强、产业化程度高及施工工艺先进等特点，因而在透气性，无线信号及磁场穿透性，翻新、置换和改造等方面具有优越性，碳排放量最低，最具节能环保性。

⑧防潮隔声性：木结构房屋内墙采用的石膏板具有储水、释水特性，室内空气潮湿时以结晶水的形式吸收空气中的水分，室内空气干燥时则释放一些结晶水湿润空气，起调节湿度的作用，加之门窗良好的密闭性，能起到极好的防潮和隔声效果，舒适度高。

⑨木材来自大自然，对环境没有二次污染，有利于保护环境，对居住者来说是一种健康和舒适的绿色建筑。

⑩有利于速生丰产用材林的快速发展，有益于生态建设。

5.2　装配式木结构建筑结构体系

5.2.1　木结构类型

装配式木结构建筑按结构构件采用的材料类型不同，可分为轻型木结构建筑、胶合木结构建筑、方木原木结构建筑及木组合结构建筑。

1. 轻型木结构建筑

现在应用于轻型木结构建筑领域的工程木材主要包括层板胶合木（Glulam）、平行木片胶合木（PSL）、单板层积胶合木（LVL）、层叠木片胶合木（LSL）、正交胶合木（CLT）和加拿大 SPF 木材等。

胶合木（见图 5.12）具有较大的强重比，与实木相比不易开裂和翘曲变形，具有较好的防火性能，能满足较大跨度、弯曲梁的需求；PSL（见图 5.13）具有截面尺寸大、跨度长、坚固耐用、适合外露等特点，可用于高强度的主梁、立柱和过梁；LVL（见图 5.14）具有力学性能均匀、强度高、尺寸稳定、耐候性好、不易损坏等优点；SPF（见图 5.15）具有质量轻、强度大、稳定、易加工、纹理漂亮等优点。

图 5.12　胶合木

图 5.13　平行木片胶合木

轻型木结构建筑是由规格材、木基结构板材或石膏板制作的木构架墙体、楼板和屋盖系统构成的单层或多层建筑。

墙体使用墙骨柱作为支撑结构，将间距紧密的规格材部件和覆盖层联合使用，以形成一栋建筑物的结构基础。此结构基础具有刚性，为内装修和外包层提供支持，并为放置保温材料留出空间。墙骨柱、楼盖搁栅、轻型木桁架或椽条之间的间距一般为 600 mm，当设计特别要求增加桁架间距时，最大间距不超过 1 200 mm。墙的墙骨柱内侧为石膏板，外侧为定向刨花板（OSB 板）、胶合板、外挂板或其他饰面材料，墙骨柱之间填充不燃保温材料以达到防火标准。构件之间可采用钉、螺栓、齿板连接及通用或专用金属连接，以钉连接为主。轻型木结构可用于居住、小型旅游和商业建筑等，适用于3层或3层以下的民用建筑。

图 5.14　单板层积胶合木

图 5.15　SPF

现代轻型木结构房屋主要是由木构架墙体、木楼盖和木屋盖构成的结构体系，不同的构件承担并传递作用于结构上的各类荷载（见图5.16）。

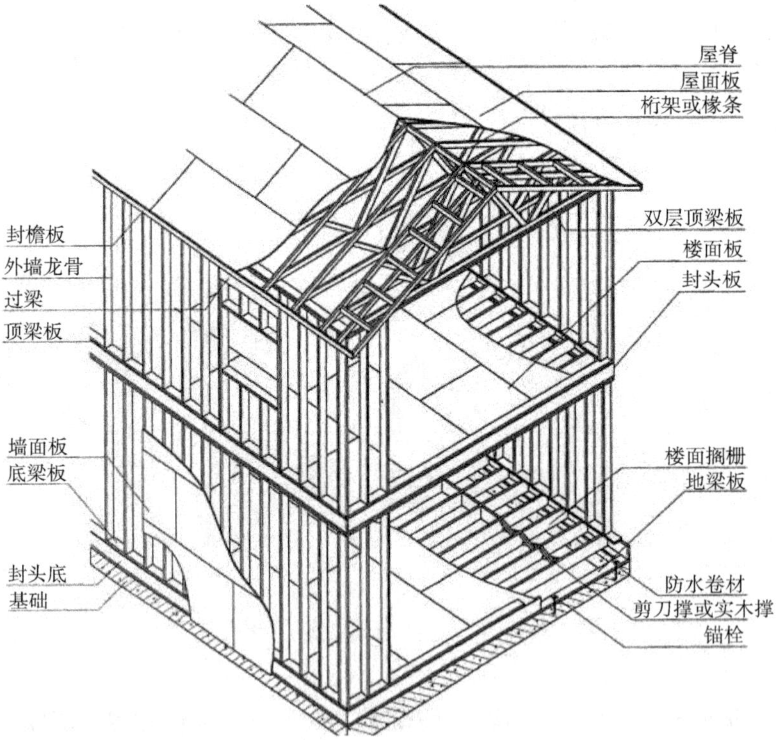

图 5.16　轻型木结构房屋体系

轻型木结构可分为全高框架式和平台框架式两种。墙体框架在两层楼高范围内竖向连续的称为全高框架式。现在此结构形式除在建筑物的局部应用外，已不作为结构的主要形式。从20世纪后期开始，平台框架式轻型木结构（见图5.17）逐渐成为主导的结构形式。

它的特点是每层楼板作为一个平台，支承于下层墙体上，该平台同时为上层的施工提供工作面。

图 5.17　平台框架式轻型木结构

平台框架（见图 5.18）是将墙直接置于下一层的楼盖上，将其作为工作平台建造房屋；轻型框架（见图 5.19）是将墙骨从一层直通屋盖。

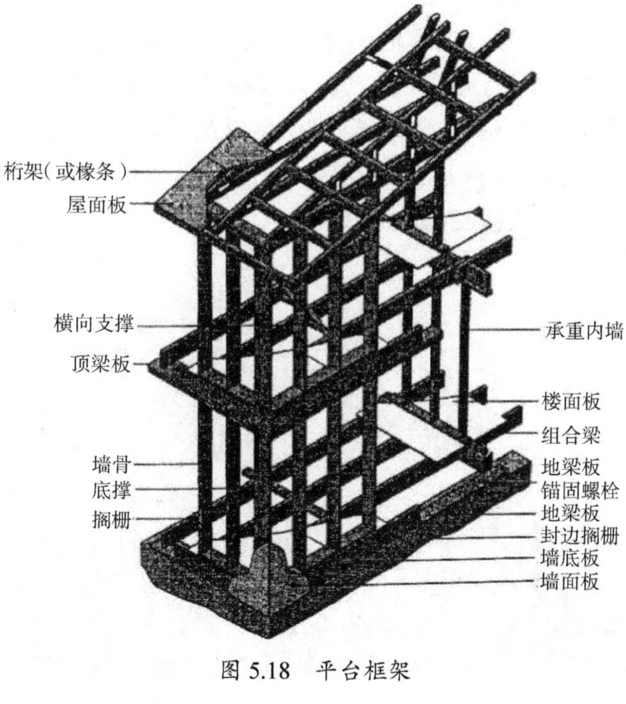

图 5.18　平台框架

图 5.19　轻型框架

2. 胶合木结构建筑

胶合木结构建筑（图 5.20）是采用胶黏方法将木料或木料与胶合板拼接成尺寸与形状符合要求而又具有整体木材效能的构件和结构的建筑。层板胶合木是用木板或小木方重叠胶合成矩形、工字形或其他截面形式的构件，层板胶合木不仅可以小材大用、短材长用，还可将不同等级（或树种）的木料配置在不同的受力部位，做到量材适用，提高木材利用率。木材通过工业化生产、加工，利用化学黏合、高压成型和材料改性满足结构要求。胶合木结构房屋的墙体可以采用轻型木结构、玻璃幕墙、砌体墙以及其他结构形式。构件之间主要通过螺栓、销钉、钉、剪板以及各种金属连接件连接。胶合木结构适用于单层工业建筑和多功能大中型公共建筑，如大空间、大跨度的体育场馆。

图 5.20　成都欢乐谷大门（胶合木结构）

3. 方木原木结构建筑

方木原木结构建筑采用规格及形状统一的方木、圆形木或胶合木构件叠合制作，是集承重体系与围护结构于一体的木结构建筑，其肩上的企口上下叠合，端部的槽口交叉嵌合形成内外围护墙体（见图 5.21）。木构件之间加设麻布毡垫及特制橡胶胶条，以加强外围护结构的防水、防风及保温隔热性能。方木原木结构建筑具有优良的气密性、水密性、保温性、保湿性、隔声性、阻燃性及绝缘性，原木结构建筑自身具有可呼吸性，能调节室内湿度。方木原木结构建筑适用于住宅、医院、疗养院、养老院、托儿所、幼儿园、体育建筑等。

图 5.21　方木原木结构建筑

4. 木组合结构建筑

木组合结构建筑是指由木结构或其构件、部件和其他材料（如钢、钢筋混凝土或砌体等）组成的建筑（见图 5.22）。上部的木结构与下部的钢筋混凝土结构通过预埋在混凝土中的螺栓和抗拔连接件连接，实现木结构中的水平剪力和木结构剪力墙边界构件中拔力的传递。与下部钢筋混凝土结构相比，上部木结构质量轻，侧向刚度较小，具有下重上轻、下刚上柔的非均匀结构特点。

木组合结构建筑可采用以下两种形式。

①上部为木结构，下部为其他结构的组合结构形式。若下部为 4 层钢筋混凝土结构，上部为 3 层木结构，可简称“4+3”组合结构。

②在混凝土结构、砌体结构或钢结构中，采用轻型木楼盖或轻型木屋盖作为水平楼盖或屋盖的组合结构形式，如轻型木桁架用在平屋面改坡屋面工程中。

尽管木结构建筑的允许层数最高为 3 层，但作为木结构组合建筑则可建到 7 层，即上部木结构建筑仍为 3 层，下部钢筋混凝土或砌体等结构为 4 层，这增加了木结构的应用范围，故木组合结构是一种可行的组合结构形式。

图 5.22　木组合结构建筑

5.2.2　木结构的连接

因木材天然尺寸的限制或结构构造的需要,采用拼合、接长和节点连接等方法,将木料连接成结构和构件。根据连接受力情况的不同,有的是直接传力,有的是通过连接件间接传力,连接件是木结构的关键部位,要求传力明确,韧性和紧密性良好,构造简单,方便检查和制作。

1. 古代木结构的连接

(1)榫卯连接

榫卯连接是靠构件相互间的阴阳咬合来连接构件的方法,凸出来的部分称为"榫",凹进去的部分称为"卯"(见图 5.23)。

榫卯连接的优点:一是坚固耐用,可以承受木构件之间各个方向的扭动;二是不易锈蚀,做好防虫防潮工作就可以保存上千年完好;三是易于拆装,便于运输和维修。其缺点是对木料的受力面积削弱较大,用料不甚经济。

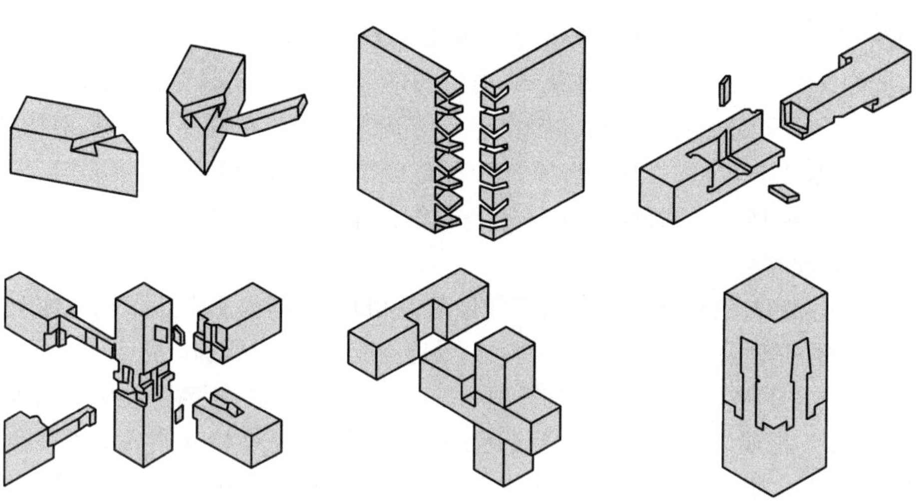

图 5.23　榫卯连接

(2)斗拱连接

斗拱连接是我国古代建筑特有的一种结构连接形式(见图 5.24)。方形木块叫斗,弓形短木叫拱,斜置长木叫昂,总称斗拱。其作用在于承受上部支出的屋檐,将其重量或直接集中到柱上或间接地先纳至额枋再转到柱上。

图 5.24　斗拱连接

斗拱连接的优点:一是斗拱位于柱与梁之间,起着承上启下、传递荷载的作用;二是斗拱在梁与柱之间形成纵横交错的铺作层,犹如在梁与柱间增设了一层弹簧层,它可以有效地抵抗地震力;三是斗拱构造精巧,造型美观,如盆景,似兰花,具有很好的装饰效果。其缺点是斗拱的营造流程和工艺较复杂,对工匠的技艺要求高,不利于普及。

2. 现代木结构的连接

(1)齿连接

齿连接是将受压构件的端头做成齿榫,在另一构件上锯齿槽,使齿榫直接抵承在齿槽内,通过抵承面的承压工作传力,主要用于桁架支座节点的连接。

齿连接的优点:一是齿连接构造简单,传力明确,可用简单工具制作;二是其构造外露,易于检查施工质量和观测工作情况。其缺点:一是齿连接由于在构件上刻槽,对构件截面削弱较大,从而增加木材用量;二是在齿槽中除承压工作外,尚伴随着脆性的剪切工作;三是只能用于手工操作,要技术级别较高的木工进行制作,方能保证连接质量。

(2)螺栓和钉连接

在木结构连接中,螺栓和钉连接的工作原理是相同的,即由于阻止了构件相对移动,而受到其孔壁木材的挤压,这种挤压使螺栓和钉受剪与受弯,木材受剪。

螺栓和钉连接的特点:一是钉连接适用范围广泛,施工简单,不需要特别高的施工技巧,便于工厂化生产,是现代木结构采用最广泛的连接形式;二是螺栓连接需要预钻孔,不如钉连接施工简便,更适用于复杂节点,且其节点的破坏形式主要集中于螺栓的受弯和连接件的受拉或受剪破坏,节点延性变形能力强,适用于有抗震要求的木结构建筑;三是螺栓和钉连接均是在现场加工,装拆方便,利于检修,且连接可靠、成本低;四是螺栓和钉连接的缝隙处容易发生腐蚀;五是螺栓和钉受木材含水量影响,尤其是钉会因含水量下降,木材干燥,构件收缩而自动脱落出来,所以应避免在横纹方向在同一块连接板上布置一排较多的螺栓和钉。

(3)齿板连接

齿板采用镀锌薄钢板经单向打齿制成,通过压力将齿压入待连接木构件中(见图5.25)。齿板连接适用于轻型木结构建筑中规格材桁架的节点及受拉杆件的接长,由于齿板为薄钢板制成,受压承载力极低,故不能将齿板用于传递压力。在腐蚀、潮湿环境或者有冷凝水的环境,木桁架不应采用齿板连接。

图 5.25　齿板连接

5.3　装配式木结构建筑工程案例

5.3.1　国外典型工程案例

1. 项目概况

该项目是一个坐落在奥地利的养老中心，项目面积 5 120 m^2，于 2017 年竣工。该项目建筑由两栋紧凑的、互成一个夹角的大楼组成。两栋大楼在中央部分形成一个中庭，通过建筑平面布局的定位创造了三个不同的外部空间：一个公共花园，一个为阿尔茨海默症患者特别规划的花园和一个儿童游乐场（见图 5.26 至图 5.28）。

2. 建筑设计

建筑师希望建筑本身能够和周围社区形成良好互动，不相互排斥，并且建筑的内部和外部空间能够为老人提供一个私密的冥想和休息场所。这个养老中心外观简洁明了，建筑物的主入口是一个醒目的白色预制混凝土制成的 Y 形支撑。

公共区域位于底层，咖啡厅、休息室、活动大厅和教堂毗邻主入口。在一楼的后方区域有行政办公室、服务室和厨房。中庭空间的顶部采用玻璃天窗，带来了自然光。此外，中庭不同楼层特意设计的窗户让楼层之间可以进行视觉交流。养老中心一共有 54 套公寓。公寓配备齐全，采用现代设计风格，浴室配有感应灯条，公寓入口处设有长凳，每个房间都设有露台，朝向山脉。

图 5.26　奥地利养老中心 1

在新的疗养院内,温暖的材料木材成为主要的装饰材料。在整个建筑物中,温暖的木色表面为老人提供了一个安静愉悦的空间。经过简单处理的落叶松木制成的木制墙板延伸至阳台外。异型雕刻的落叶松木板镶嵌在窗户上,这种设计是对当地传统木雕手艺的致敬,同时也提供了一个具有功能性的遮阳立面。阳光透过木雕缝隙在室内地板上投射出微妙的阴影,生动又有趣。

图 5.27　奥地利养老中心 2

图 5.28　奥地利养老中心 3

5.3.2　国内典型工程案例

上海崇明体育训练基地于 2019 年 3 月 29 日正式启用,其中上海崇明游泳馆(见图 5.29 至图 5.42)是典型的钢木混合张弦壳体结构,作为专业训练设施,该游泳馆的设计要求区别于一般赛事场馆。其造价限额严格，形象需求质朴，更注重体育训练专业功能需求。这一要求限制了外观的形象创作，设计过程起于材料选择和基于几何形态的结构体系布置，经过各种结构构件的造型选择和布置优化，最终将限制条件转化为基于中小跨结构本体进行创新设计的契机。

木结构保温和耐腐蚀的优势准确命中了当前游泳馆建设和使用中的难题，可以有效减少冷热桥，防止结露，也更耐游泳馆含氯水汽腐蚀，避免破坏构造，影响使用。

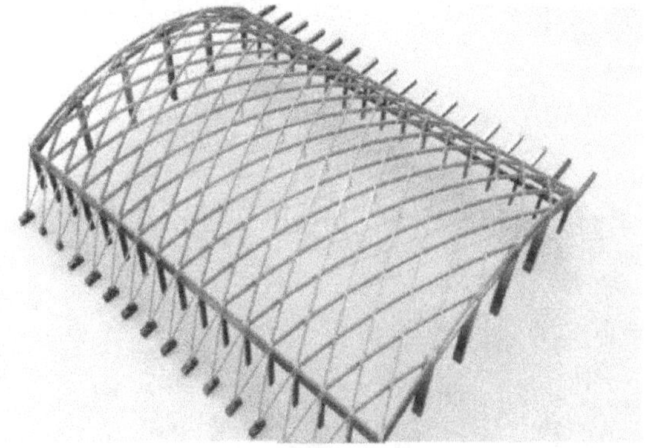

图 5.29 上海崇明游泳馆 1

图 5.30 上海崇明游泳馆 2

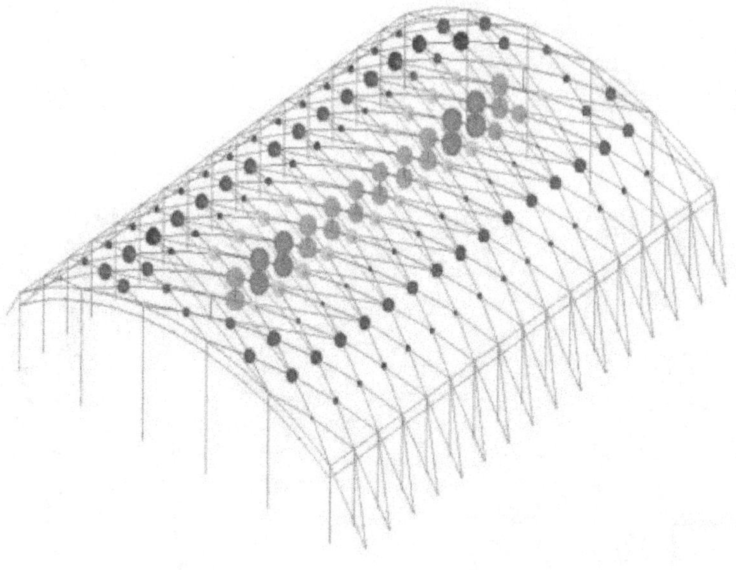

图 5.31 上海崇明游泳馆设计

图 5.32　上海崇明游泳馆节点(加盖板)

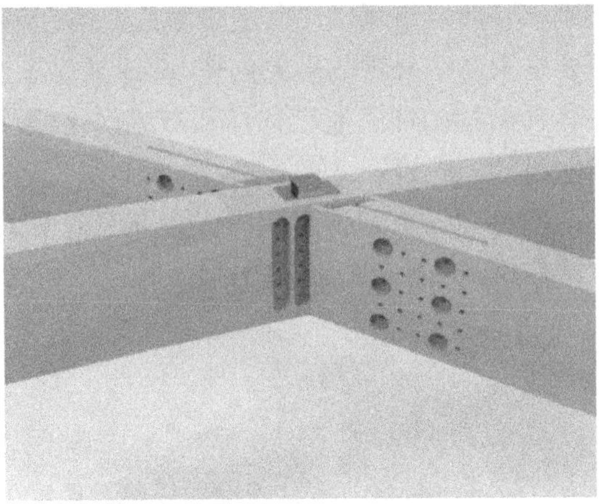

图 5.33　上海崇明游泳馆节点(不加盖板)

图 5.34　上海崇明游泳馆耐火试验

图 5.35　上海崇明游泳馆加工 1

图 5.36　上海崇明游泳馆加工 2

图 5.37　上海崇明游泳馆加工 3

图 5.38　上海崇明游泳馆加工 4

图 5.39　上海崇明游泳馆安装 1

图 5.40　上海崇明游泳馆安装 2

图 5.41　上海崇明游泳馆安装 3

图 5.42　上海崇明游泳馆安装 4

技术提示

装配式木结构的定义:采用工厂预制的木结构组件和部品,以现场装配为主要手段建造而成的结构,包括装配式纯木结构、装配式木混合结构等。

为进一步促进我国木结构建筑行业的发展,加快我国木结构建筑在建设工程中应用的步伐,推动我国木结构行业升级换代,《木结构设计标准》(GB 50005—2017)、《装配式木结构建筑技术标准》(GB/T 51233—2016)等一批国家标准相继修订、制定并实施。

装配式木结构建筑按结构构件采用的材料类型不同,可分为轻型木结构建筑、胶合木结构建筑、方木原木结构建筑及木组合结构建筑。

(1)轻型木结构建筑是由规格材、木基结构板材或石膏板制作的木构架墙体、楼板和屋盖系统构成的单层或多层建筑。

(2)胶合木结构建筑是采用胶黏方法将木料或木料与胶合板拼接成尺寸与形状符合要求而又具有整体木材效能的构件和结构的建筑。

(3)方木原木结构建筑采用规格及形状统一的方木、圆形木或胶合木构件叠合制作,是集承重体系与围护结构于一体的木结构建筑,其肩上的企口上下叠合,端部的槽口交叉嵌合形成内外围护墙体。

(4)木组合结构建筑是指由木结构或其构件、部件和其他材料(如钢、钢筋混凝土或砌体)组成的建筑。

基础训练

一、单项选择题

1. 下列选项中属于装配式木结构建筑特征的是(　　)。

A. 施工期长　　B. 低传导性　　C. 抗震性能差　　D. 环保性能差

2. 下列选项中不属于现代木结构连接方式的是(　　)。

A. 斗拱连接　　B. 齿连接　　C. 螺栓与钉连接　　D. 齿板连接

3. 装配式木结构建筑按结构构件采用的材料类型不同分类,不包括(　　)。

A. 轻型木结构建筑　　B. 胶合木结构建筑

C. 方木原木结构建筑　　D. 框架剪力墙结构

4. 平行木片胶合木(PSL)不具有(　　)特点。

A. 截面尺寸小　　B. 跨度长　　C. 坚固耐用　　D. 适合外露

5. 下列不属于“样式雷”世家作品的是(　　)。

A. 天坛　　B. 北京故宫　　C. 颐和园　　D. 唐大明宫

二、填空题

1. 装配式木结构建筑按结构构件采用的材料类型不同,可分为(　　)、(　　)、

(　　)、(　　)。

2. 轻型木结构包括(　　)和(　　)两种类型。

3. 现在应用于轻型木结构建筑领域的工程木材主要包括(　　)、(　　)、(　　)、(　　)、(　　)等。

4. 古代木结构的连接中,斗拱连接的缺点是(　　),(　　)。

三、简答题

1. 什么是装配式木结构建筑?

2. 装配式木结构建筑可分为哪几类?

3. 装配式木结构建筑有哪些特征?

第 6 章 装配式混凝土构件常用建筑材料

知识目标

1. 掌握装配式建筑中混凝土的工作特性。
2. 了解装配式建筑中钢筋的加工与制备。
3. 了解装配式建筑中常见的钢筋套筒连接构件及预埋件。

职业目标

1. 掌握混凝土常用的测定方法。
2. 掌握装配式混凝土构件的生产工艺流程。

学习课件

扫一扫

本章课件

随着建筑产业现代化进程的推进,近年来以建设PC工厂和落实示范工程为突破口,全国各地掀起了推进装配式建筑发展的热潮,形成了我国建筑产业化前所未有的全新发展局面,以上海、北京、深圳等为代表的特大城市为引领,迅速拓展到中东部的大中城市,全国推进装配式建筑发展取得了显著成效。

装配式建筑的深入发展,预制混凝土技术和产品的开发创新已成为建筑技术创新的热点。预制混凝土主要产品及应用如图6.1和图6.2所示。

图6.1　装配整体式混凝土剪力墙结构

图6.2　装配式混凝土建筑结构应用

目前,我国高层住宅用的预制构件主要有预制墙板、预制楼板、预制梁、预制柱、预制楼梯、预制阳台、预制空调板等,该部分构件的应用对象以装配整体式结构工程为主。这些产品的标准化程度很低,构件的生产效率不高,造成成本增加,从而影响其推广应用。工业类大跨度预制预应力构件的应用逐年提高,目前的双T板、预应力空心楼板等构件在大跨度混凝土框架结构和钢结构中应用越来越多。装配式建筑围护系统的预制外墙是未来发展的方向,预制外墙具有装饰、维护、保温一体化的特点,是装配式建筑的核心关键部品,全国各地许多企业都在开发各种形式的预制外墙板产品。市政基础设施类预制构件的发展主要体现在预制管廊、预制桥梁、预制管片等方面,市场需求量和生产供应比较平稳。

所有这些产品的建筑材料主要包括:构成主体的材料,如混凝土、钢材、灌浆料、保温材料等;施工过程所需材料,如生产过程中使用的模具、运输过程中使用的吊装工具、安装过程中使用的支撑等材料;配套材料,主要以接缝防水材料为主。

本章主要介绍构成装配式混凝土建筑结构的主体材料,其他两类材料将在后续课程中介绍。

6.1 混凝土

随着我国经济发展进入新常态，新型城镇化、京津冀协同发展、长江经济带发展、“一带一路”建设以及水利、铁路、公路、水运、航空、管道、电网、信息、物流等基础设施网络建设，形成建筑业未来发展的重要推动力和宝贵机遇。钢筋混凝土结构是我国目前建筑业的主要结构，混凝土是当代最大宗的人造材料，也是最主要的建筑材料。

广义上讲，混凝土是由胶凝材料、粗细骨料、水及其他外加剂按照适当的比例配制而成的人工石材。在土木工程中，混凝土是以“水泥（胶凝材料）、骨料和水为主要材料，也可加入外加剂和矿物掺合料等材料，经拌合、成型、养护等工艺制作的、硬化后具有一定强度的工程材料”（《建筑材料术语标准》（JGJ/T 191—2009））。所谓骨料，是指在混凝土（或砂浆）中起骨架和填充作用的岩石颗粒等粒状松散材料，分为粗骨料、细骨料两类。

混凝土具有原料丰富、价格低廉、生产工艺简单等特点，因而其使用量十分大；同时混凝土还具有抗压强度高、耐久性好、强度等级范围大等优点，使用范围十分广泛，不仅在土木工程中使用，在造船业、机械工业、海洋开发、地热工程等中也有很好的应用。混凝土的缺点是自重大，属脆性材料。目前，混凝土正向着轻质、高强、多功能、高性能、绿色环保、低碳的方向发展。

混凝土是装配式混凝土结构建筑的主要材料，一般装配式建筑用混凝土的强度均在C30 以上，并且均是由搅拌机拌制的混凝土。

1. 混凝土的分类

混凝土的种类很多，按照不同的分类方法，可以分成不同的种类，按胶凝材料不同，分为水泥混凝土（普通混凝土）、沥青混凝土、石膏混凝土及聚合物混凝土等；按干表观密度不同，分为重混凝土（表观密度大于 2 800 kg/m^3）、普通混凝土（表观密度为 2 000~2 800 kg/m^3）和轻混凝土（表观密度小于 2 000 kg/m^3）；按使用功能不同，分为结构混凝土、道路混凝土、水工混凝土、海工混凝土、保温混凝土、耐热混凝土、耐酸混凝土、防辐射混凝土及装饰混凝土等；按配筋方式不同，分为素（即无筋）混凝土、钢筋混凝土、钢丝网水泥混凝土、纤维混凝土、预应力混凝土等；按混凝土拌合物的和易性不同，分为干硬性混凝土、半干硬性混凝土、塑性混凝土、流动性混凝土、高流动性混凝土、流态混凝土等；按施工工艺不同，分为喷射混凝土、泵送混凝土、振动（压力）灌浆混凝土、离心混凝土、碾压混凝土、挤压混凝土、真空混凝土等。

此外，随着混凝土的发展和工程需要的多样化，还出现了补偿收缩混凝土、加气混凝土、钢管混凝土、清水混凝土、大体积混凝土、水下不分散混凝土等具有特殊功能的混凝土。商品混凝土以及泵送混凝土的新施工工艺也给混凝土施工带来方便。

2. 制备混凝土的原材料

普通混凝土(简称混凝土)是由水泥、砂、石子和水四种基本材料,根据需要加入矿物掺合料和外加剂,按比例拌合,经浇筑、养护、硬化而形成的人造石材。混凝土组织结构如图 6.3 所示。

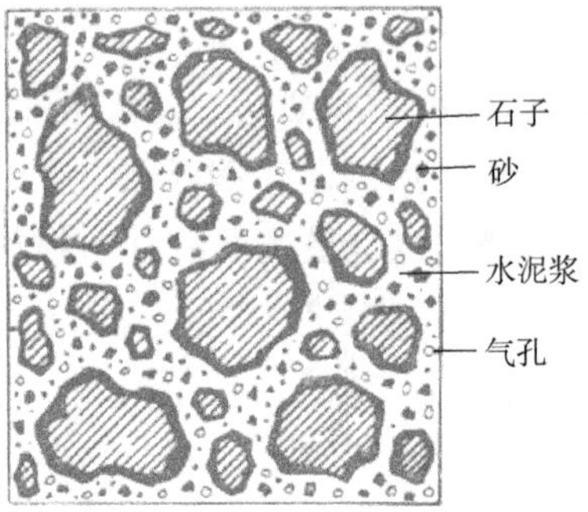

图 6.3　混凝土组织结构

在混凝土中,水泥与水形成水泥浆包裹砂、石颗粒,并填充砂石的空隙,水泥浆在硬化前主要起润滑作用,使混凝土拌合物具有良好的工作性;在硬化后,水泥浆主要起胶结作用,将砂、石黏结成一个整体,使其具有良好的强度及耐久性。砂、石在混凝土中起骨架作用,并可抑制混凝土的收缩。

混凝土的技术性质在很大程度上是由原材料的性质及其相对含量决定的,同时也与施工工艺(搅拌、浇筑、养护)有关。因此,必须了解原材料的性质、作用及其质量要求,合理选用原材料,这样才能保证混凝土的质量。

水泥、石灰、石膏等无机胶凝材料与水拌合使混凝土拌合物具有可塑性,进而通过化学和物理化学作用凝结硬化而产生强度。一般说来,饮用水便可满足混凝土拌合用水的要求。水中过量的酸、碱、盐和有机物都会对混凝土产生有害的影响。骨料不仅有填充作用,而且对混凝土的容重、强度和变形等性质有重要影响。

为改善混凝土的某些性质,可加入外加剂。由于掺用外加剂有明显的技术经济效果,因此它日益成为混凝土不可缺少的组分。为改善混凝土拌合物的和易性或硬化后混凝土的性能,以节约水泥,在混凝土搅拌时也可掺入磨细的矿物材料——掺合料。掺合料分为活性和非活性两类。 掺合料的性质和数量影响混凝土的强度、粒形、水化热、抗渗性和颜色等。

3. 混凝土拌合物的工作性

(1)工作性的概念

混凝土在凝结硬化以前,称为混凝土拌合物。混凝土拌合物的工作性也叫和易性,是指混凝土拌合物易于施工操作(拌合、运输、浇捣)并能获得质量均匀、成型密实的混凝土的性能。

工作性实际上是一项综合技术性质，包括流动性、黏聚性、保水性三方面的含义。

1）流动性

流动性指混凝土拌合物在本身自重或施工机械振捣的作用下，能产生流动，并均匀密实地填满模板的性能。

2）黏聚性

黏聚性指混凝土拌合物在施工过程中其组成材料之间有一定的黏聚力，不致产生分层（拌合物中各组分出现层状分离现象）和离析（拌合物中某些组分出现分离、析出现象）。

3）保水性

保水性指混凝土拌合物在施工过程中具有一定的保水能力，不致产生泌水（水从水泥浆中泌出）现象。

混凝土拌合物的工作性是上述三方面性能的综合体现，它们之间既相互联系又相互矛盾。当流动性大时，往往黏聚性和保水性差；反之亦然。因此，应结合不同工程对混凝土拌合物工作性的需要，使这三方面的性能达到良好的统一，即矛盾得到统一。

混凝土拌合物如产生分层、离析、泌水等现象，会影响混凝土的密实性，降低混凝土质量。

（2）工作性的测定方法及指标选择

测定混凝土的工作性通常采用坍落度法和维勃稠度法，对于泵送高强度混凝土和自密实混凝土可采用坍落扩展度法。下面介绍坍落度法和坍落扩展度法。

1）坍落度法

如图 6.4 所示，坍落度试验就是将混凝土拌合物按规定方法装入坍落度筒内，装满刮平后，垂直向上将筒提起，置于混凝土一侧，混凝土拌合物由于自重会产生坍落现象，用尺量出拌合物向下坍落的高度（mm）即为拌合物的坍落度值（用 T 表示）。坍落度值越大表示混凝土拌合物的流动性越大。

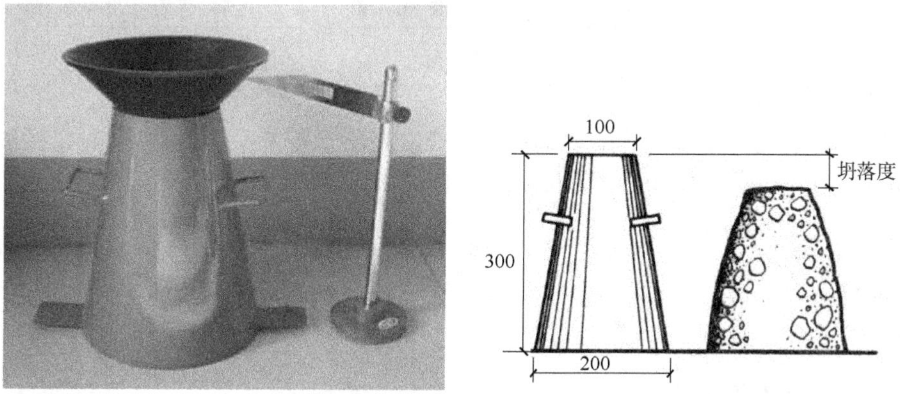

图 6.4　坍落度筒及坍落度法示意图

扫一扫

数字资源 6-1　混凝土坍落度测定

施工过程中混凝土拌合物的坍落度，要根据构件截面大小、钢筋疏密程度和捣实方法等来确定。构件截面尺寸较小或钢筋较密，或采用人工插捣时，坍落度可选择大些。反之，如构件截面尺寸较大或钢筋较疏，或采用振动器振捣时，坍落度可选择小些。

拌合物黏聚性的评定：用捣棒在已坍落完成的混凝土拌合物锥体侧面轻轻敲打，此时如果锥体保持整体均匀逐渐下沉，则表示黏聚性良好；如锥体突然倒塌或出现离析现象，则表示黏聚性不好。

拌合物保水性的评定：通过观察混凝土拌合物稀浆析出的程度来评定，坍落度筒提起后如有较多的稀浆从底部析出，则表明混凝土的保水性不好；如无稀浆或只有少量稀浆析出，表示混凝土的保水性良好。

坍落度试验只适用于骨料最大粒径不大于 40 mm 的非干硬性混凝土（指混凝土拌合物坍落度值不小于 10 mm 的混凝土）。根据《混凝土质量控制标准》（GB 50164—2011）的规定，依据坍落度的不同，可将混凝土拌合物分为五级，见表 6.1。

表 6.1　混凝土拌合物的坍落度等级划分（GB 50164—2011）

等级	名称	坍落度（mm）
S1	低塑性混凝土	10~40
S2	塑性混凝土	50~90
S3	流动性混凝土	100~150
S4	大流动性混凝土	160~210
S5	超大流动性混凝土	≥ 220

2）坍落扩展度法

当混凝土坍落度大于 220 mm 时，用钢尺测量混凝土扩展后最终的最大直径和最小直径，在这两个直径之差小于 50 mm 的条件下，用其算术平均值作为坍落扩展度值。混凝土坍落扩展度测定见图 6.5。

扫一扫

数字资源 6-2　流态混凝土

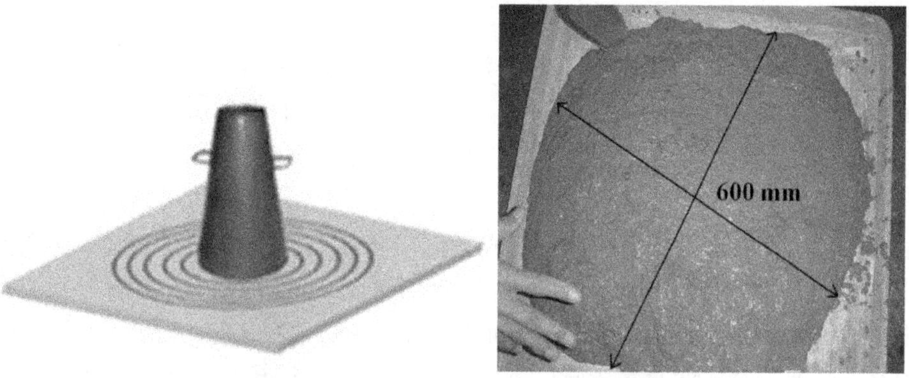

图 6.5　混凝土坍落扩展度测定示意图

该方法适用于泵送高强度混凝土和自密实混凝土。扩展度的等级划分如表 6.2 所示。

表 6.2　混凝土拌合物的扩展度等级划分（GB 50164—2011）

等级	扩展度(mm)
F1	≤ 340
F2	350~410
F3	420~480
F4	490~550
F5	560~620
F6	≥ 630

3)坍落度经时损失及其测定方法

混凝土从拌合到浇筑,需要有一段运输和停放时间,这种随时间增长,混凝土和易性变差的现象,称为混凝土坍落度经时损失。

混凝土都存在坍落度经时损失,只是有大有小,掺用外加剂尤其是传统的高效减水剂后,其坍落度经时损失要比不掺时的混凝土大,甚至只经过 20~30 min,坍落度即降低为初始值的 1/3~1/2,这将直接影响外加剂的使用效果及混凝土的生产和施工。

混凝土拌合物坍落度经时损失的检测方法:在混凝土进行坍落度试验后立即将混凝土拌合物装入不吸水的容器内密闭搁置 1 h,然后将混凝土拌合物倒入搅拌机内搅拌 20 s,卸出搅拌机后再次测试混凝土拌合物的坍落度。前后两次坍落度之差即为坍落度经时损失,计算应精确到 5 mm。

如果工程需要,也可按照此方法测定经过不同时间的坍落度损失(如生产中常测定 2 h 的坍落度)。坍落度损失可以为负值,表示经过一段时间后,混凝土拌合物坍落度反而有所增大。

4. 混凝土配合比

制备混凝土时，首先应根据工程对和易性、强度、耐久性等的要求，合理地选择原材料并确定其配合比，以达到经济适用的目的。混凝土配合比的设计通常按水灰比法则的要求进行，材料用量的计算主要用假定容重法或绝对体积法。

（1）水灰比的确定

高强混凝土水灰比的计算不能采用普通混凝土的强度公式，应根据试验资料进行统计，提出混凝土强度和水灰比的关系式，然后用作图法或计算法求出与混凝土配制强度（$f_{cu,0}$）相对应的水灰比。当采用多个不同的配合比进行混凝土强度试验时，其中一个应为基准配合比，其他配合比的水灰比宜较基准配合比分别增加和减少 0.02~0.03。

（2）集料用量

1）每立方米碎石用量（G_0）

高强混凝土每立方米的碎石体积（V_S）为 0.9~0.95 m³，则每立方米中碎石用量为 $G_0=V_S\times$ 碎石松散容重。

2）每立方米砂用量（S_0）

$$S_0=[G_0/(1-Q_S)]$$

其中，Q_S 为砂率，应经试验确定，一般控制在 28%~36% 范围内。

（3）用水量

计算高强混凝土配合比时，其用水量在普通混凝土用水量的基础上用减水率法加以修正。在不掺外加剂的混凝土用水量中扣除按外加剂减水率计算得出的减水量即为掺减水剂时混凝土的用水量。此时注意一定要通过试验确定外加剂的减水率。

（4）水泥用量

生产高强混凝土时，水泥的用量至关重要，它直接影响到水泥胶砂与骨料的黏结力。为了增加砂浆中胶质胶结料的比例，水泥含量要比较高，但要注意的是，水泥用量不宜过高，否则会引起水化期间放热速度过快或收缩量过大等问题。高强混凝土水泥用量一般不宜超过 550 kg/m³。

（5）试拌调整

对计算所得的配合比结果要通过试配、试拌来验证。拌制高强混凝土必须使用强制式搅拌机，振捣时要高频加压振捣，保证拌合物的密实性。要注意试拌量应不小于拌合机额定量的 1/4，混凝土的搅拌方式及外加剂的掺法，宜与实际生产时使用的方法一致。

（6）配合比的确定

当拌合物实测密度与计算值之差的绝对值不超过计算值的 2% 时可不调整；大于 2% 时，按《普通混凝土配合比设计规程》（JGJ 56—2011）规定进行相应的调整。混凝土配合比确定后，应对配合比进行不少于 6 次的重复试验进行验证，其平均值不应低于配制的强度值，以确保其稳定性。

5. 装配式混凝土构件生产过程

生产装配式混凝土构件应该有满足质量要求的生产工艺和设施、设备，生产过程应有健全的安全保证措施，并应编制生产方案（包括生产计划、工艺流程、模具方案、质量控制、成品保护、运输方案等）。一般流程为：模台清理 → 模具组装 → 钢筋加工安装 → 管线、预埋件等安装 → 混凝土浇筑 → 养护 → 脱模 → 表面处理 → 成品验收 → 运输存放。

主要生产过程分为四步。

①模具安装、钢筋笼入模具，并安装好各种预埋件，如图 6.6 所示。

图 6.6　模具安装与钢筋笼入模具

②浇筑混凝土。将科学合理配置的预拌混凝土浇入试模内，振动密实，如图 6.7 所示。

（a）　　（b）　　（c）

图 6.7　浇筑混凝土

（a）准备浇筑；（b）浇筑；（c）浇筑完成

③混凝土构件蒸汽养护。加工制作好的混凝土构件，用码垛机将每个承载构件的平台运进养护窑内，对构件进行蒸汽养护，养护窑内温度为 50~70 ℃，需要养护 8~10 h，混凝土强度达到 75% 后出窑，如图 6.8 所示。

④吊装、堆存。构件起吊应平稳，一般楼板宜采用专用多点吊架进行起吊；墙板宜先采用模台翻转方式起吊，模台翻转角度不应小于 75°，然后采用多点起吊方式脱模；复杂构件应采用专门的吊架进行起吊。构件堆存场地应有足够面积，应平整、坚实，并应有排水设施；堆放构件的支垫应坚实；预制构件堆放时应将预埋件吊件向上，标志向外；垫木或垫块在构

件下的位置宜与脱模、吊装时的起吊位置一致；重叠堆放构件时，每层构件的垫木或垫块应在同一垂直线上；堆垛层数应根据构件与垫木或垫块的承载能力及堆垛的稳定性确定，见图6.9。

图 6.8　养护窑

图 6.9　成品构件在厂房内起吊与存放

扫一扫

数字资源 6-3　宇辉装配式生产安装过程动画

6.2　钢筋及预制混凝土构件连接

装配式混凝土结构用钢，既包括钢筋混凝土结构用钢，也包括预埋件与主要配件用钢以及预制混凝土构件的连接用钢。

6.2.1　钢筋

钢筋混凝土结构用的钢筋，主要由碳素结构钢和低合金钢轧制而成。钢筋的主要品种有热轧钢筋、冷加工钢筋、热处理钢筋、预应力混凝土用钢丝和钢绞线。钢筋混凝土用钢筋是指钢筋混凝土用的直条或盘条状钢材，见图 6.10。

(a)

(b)

图 6.10　钢筋交货的状态

(a)直条;(b)盘条

1. 钢筋分类

钢筋的种类很多，通常按照化学成分、生产工艺、轧制外形、供应形式、直径大小以及在结构中的用途进行分类。

(1)按照轧制外形分

按照轧制外形，钢筋分为光圆钢筋、带肋钢筋、钢线、冷轧扭钢筋。

①光圆钢筋：HPB300 级钢筋均轧制成光面圆形截面，供应形式为盘圆，一般直径不大于 10 mm，长度为 6~12 m。

②带肋钢筋：有螺旋形、人字形和月牙形三种，一般 HRB335、HRBF335、HRB400、HRBF400 级钢筋轧制成人字形，HRB500、HRBF500 级钢筋轧制成螺旋形和月牙形。

③钢线：分低碳钢丝和碳素钢丝两种及钢绞线。

④冷轧扭钢筋：经冷轧并冷扭成型。

(2)按照在结构中的用途分

按照在结构中的用途，钢筋分为受力筋、箍筋、架立筋、分布筋及其他。

①受力筋：承受拉、压应力的钢筋，用于梁、板、柱等各种钢筋混凝土构件。梁、板的受力筋还分为直筋和弯筋两种。

②箍筋(钢箍)：承受一部分斜拉应力，并固定受力筋的位置，多用于梁和柱内。

③架立筋：用于固定梁内钢箍位置，构成梁内的钢筋骨架。

④分布筋：用于屋面板、楼板内，与板的受力筋垂直布置，将承受的重量均匀地传给受力筋并固定受力筋的位置，抵抗热胀冷缩引起的温度变形。

⑤其他：因构件构造要求或施工安装需要而配制的构造筋，如腰筋、预埋锚固筋、吊环等。

（3）按照直径大小分

按照直径大小，钢筋分为钢丝、细钢筋、粗钢筋。

①钢丝：一般直径为 3~5 mm。

②细钢筋：一般直径为 6~10 mm。

③粗钢筋：一般直径大于 22 mm。

为了保护钢筋、防腐蚀、防火以及加强钢筋与混凝土的黏结，构件的钢筋外面要留有保护层。根据钢筋混凝土结构设计规范的规定，梁、柱的保护层最小厚度为 25 mm，板和墙的保护层厚度为 10~15 mm。

如果受力筋用光圆钢筋，则两端要有弯钩，以加强钢筋与混凝土的黏结，避免钢筋在受拉时滑动。带肋钢筋与混凝土的黏结力强，两端不必弯钩。钢筋端部的弯钩常用两种形式：带有平直部分的半圆弯钩和直弯钩。

2. 钢筋相关表示符号及标注方法

（1）钢筋的相关表示符号

① HPB300：HPB 是热轧光圆钢筋的英文（Hotrolled Plain Bars）缩写，300 表示屈服强度为 300 MPa，HPB300 表示热轧光圆钢筋强度级别 300 MPa（一级钢）。

② HRB335：HRB 是热轧带肋钢筋的英文（Hotrolled Ribbed Bars）缩写，335 表示屈服强度为 335 MPa，HRB335 表示热轧带肋钢筋强度级别 335 MPa（二级钢）。

③ HRBF335：HRBF 是热轧带肋钢筋的英文缩写后面加“细”的英文（Fine）首位字母，335 表示屈服强度为 335 MPa，HRBF335 表示细晶粒热轧带肋钢筋强度级别 335 MPa（二级钢）。

④ HRB400：热轧带肋钢筋强度级别 400 MPa（三级钢）。

⑤ HRBF400：细晶粒热轧带肋钢筋强度级别 400 MPa（三级钢）。

⑥ RRB400：RRB 是余热处理带肋钢筋的英文（Remained Heat Treatment Ribbed Steel Bars）缩写，RRB400 表示余热处理带肋钢筋强度级别 400 MPa（三级钢）。

⑦ HRB400E：有较高抗震性能的普通热轧带肋钢筋强度级别 400 MPa（三级钢）。

⑧ HRB500：普通热轧带肋钢筋强度级别 500 MPa（四级钢）。

⑨ HRBF500：细晶粒热轧带肋钢筋强度级别 500 MPa（四级钢）。

综上，H、P、R、B、F、E 分别为热轧（Hotrolled）、光圆（Plain）、带肋（Ribbed）、钢筋（Bars）、细粒（Fine）、地震（Earthquake）六个词的英文首位字母；后面的数代表屈服强度。

⑩冷轧带肋钢筋牌号由 CRB（Cold-rolled Ribbed Bars）和钢筋的抗拉强度最小值构成。冷轧带肋钢筋分为 CRB550、CRB650、CRB800、CRB970 和 CRB1170 五个牌号。CRB550 为普通钢筋混凝土用钢筋，其他牌号为预应力混凝土用钢筋。

（2）钢筋标注方法

钢筋混凝土构件图示方法中钢筋的标注一般采用引出线的方法，具体分为以下两种。

① 标注钢筋的根数、直径和等级，例如 3Φ20，其中 3 表示钢筋的根数；Φ 表示钢筋等级直径符号；20 表示钢筋直径。

② 标注钢筋的等级、直径和相邻钢筋中心距，例如 Φ8@200，其中 Φ 表示钢筋等级直径符号；8 表示钢筋直径；@ 为相等中心距符号；200 表示相邻钢筋的中心距。

面层混凝土板内应配置构造钢筋网，钢筋网可采用直径 5~6 mm 的冷轧带肋钢筋焊接网，网孔尺寸宜为 100~150 mm。冷轧带肋钢筋网片加工可用电阻点焊成型。

（3）钢筋的一般表示方法

钢筋在图纸中的一般表示方法见表 6.3。

表 6.3　钢筋的一般表示方法

名称	图例	名称	图例	名称	图例
钢筋断面		带直钩的钢筋端部		半圆形弯钩的钢筋搭接	
无弯钩的钢筋端部		带丝扣钢筋端部		半直钩的钢筋端部	
半圆形弯钩的钢筋端部		无弯钩的钢筋搭接		套管接头	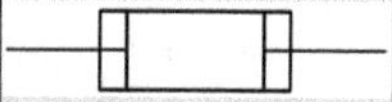

3. 钢筋的加工与制备

生产过程中需要对供货的钢筋按照钢筋加工表与设计图纸进行加工。通常需要经过钢筋除锈、调直、切割与套丝、弯曲成型、组成网片或桁架等工序。

（1）钢筋的除锈

钢筋在使用时表面应当洁净，应清除油污和捶打能剥落的浮皮、铁锈。对于大量除锈，可通过钢筋冷拉或钢筋调直完成；少量的钢筋除锈，可以采用电动除锈机或者喷砂方法，局部除锈可用人工钢丝刷或者砂轮等。若经除锈后钢筋表面有严重的麻坑、斑点等，应降级使用或者剔除不用，带有蜂窝状锈迹的钢筋不得使用。

（2）钢筋的调直

对于成盘的钢筋或者局部曲折、弯曲的钢筋使用前应先将其调直。钢筋调直一般采用卷扬机或者调直机（见图 6.11）。

数字资源 6-4　钢筋调直与切断

扫一扫

钢筋调直时需要注意冷拉率，调直后的钢筋应平直、无局部弯曲。

图 6.11　钢筋调直机

(3)钢筋的切割与套丝

钢筋在成型前,应根据配料表要求长度分别截断,通常用钢筋切断机切断。在缺乏设备时,可用断丝钳剪断钢丝,用手动液压机切断直径不大于 16 mm 的钢筋,对于直径 40 mm 以上的钢筋可用氧乙炔焰切割。

切断时,应将同规格钢筋根据不同长短搭配、统筹排料,一般先断长料,后断短料,以减少短头和损耗。

对于部分钢筋端部还需要进行螺纹加工,见图 6.12。

图 6.12　钢筋直螺纹滚丝机

数字资源 6-5　钢筋端部螺纹加工

(4)钢筋的弯曲成型

钢筋的弯曲成型多采用弯曲机,见图 6.13。在缺乏设备或者钢筋数量较少时,可以用手工弯曲成型。目前,装配式混凝土企业大多用数控设备或者配备机械手进行弯曲成型加工,见图 6.14。

图 6.13　小型钢筋弯曲机

图 6.14　数控钢筋弯曲机

数字资源 6-6　钢筋弯曲成型

数字资源 6-7　数控钢筋弯曲机

数字资源 6-8　机械手与数控弯曲机的配合

手工弯曲钢筋时,应将各弯曲点的位置画出,画线尺寸应根据不同弯曲角度和钢筋直径扣除钢筋弯曲调整值。画线应在工作台上进行,其尺寸允许偏差为:全长 ±10 mm,弯起钢筋起弯点位移 20 mm,弯起钢筋的起弯高度 ±5 mm。

（5）钢筋桁架

钢筋桁架通常也称为桁架钢筋，常用于钢筋桁架楼层板或者叠合板。桁架钢筋的制作及在预制混凝土构件中的使用，应满足现行行业标准《装配式混凝土结构技术规程》（JGJ 1—2014）中的各项规定和要求。钢筋桁架生产线见图 6.15。

（a）　　　　（b）

图 6.15　钢筋桁架生产线

（a）给料系统；（b）桁架成型系统

数字资源 6-9　桁架生产线

扫一扫

（6）钢筋成品的堆放与标识

一般装配式混凝土构件生产企业或者钢结构楼层板生产企业，在生产厂区内设置有专门的钢筋生产加工区。生产加工区内既有加工区，又有成品钢筋堆放区，保证将成型的钢筋分区、分部、分层、分段和构件名称按号码顺序堆放，同部位钢筋或者同一构件的钢筋应堆放一起，保证制作方便。

成品钢筋堆放区必须设有明显的标识牌，注明使用部位、钢筋规格、钢筋简图、加工制作人及受检状态（见图 6.16）。

图 6.16　成品钢筋堆放区

6.2.2　钢筋套筒连接及预埋件

装配式混凝土结构中，构件与接缝处的纵向钢筋根据接头受力、施工工艺等情况，可选用钢筋套筒连接（浆锚搭接连接）、焊接连接、机械连接、螺栓连接、绑扎连接等方式。

在装配式构件生产过程中，有很多预埋件需要在生产时及时预埋，否则会影响吊装、运输以及现场安装与构件固定。

1. 钢筋套筒连接

钢筋套筒连接是一种因工程实践的需要和技术发展而产生的新型连接方式。该方法是在金属套筒内灌注水泥基浆料，将钢筋对接连接形成机械连接接头。装配式建筑的连接材料主要有钢筋连接用的灌浆套筒和灌浆料。

钢筋连接用灌浆套筒（见图 6.17）宜采用优质碳素结构钢、低合金高强度结构钢、合金结构钢或球墨铸铁制造，材料的力学性能应符合现行相关标准，如钢套筒应符合《钢筋连接用灌浆套筒》（JG/T 398—2012）的规定，球墨铸铁套筒应满足有关规定的要求。

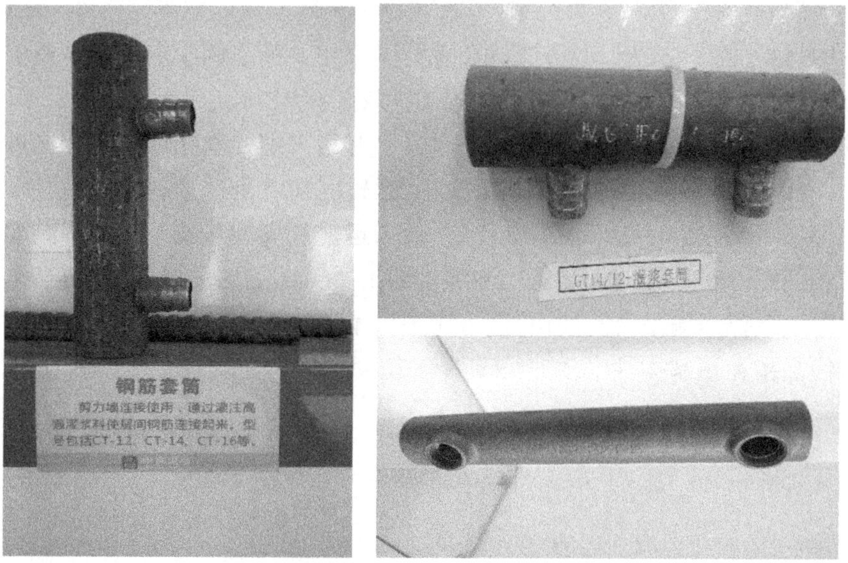

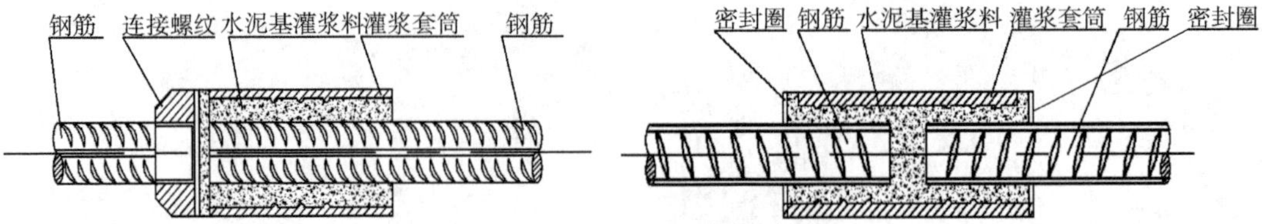

图 6.17　灌浆套筒及接头结构示意图

2. 预埋件

装配式混凝土构件预埋件包括预埋螺栓、预埋螺母、预埋吊钉、预埋管线等(见图 6.18)。

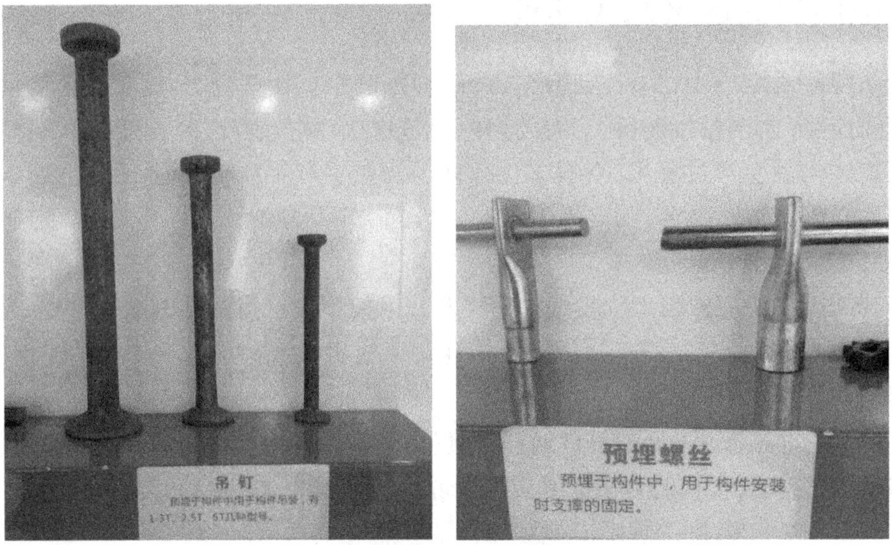

图 6.18　各类预埋件

预埋件的材料、品种、规格、型号应符合现行国家相关标准的规定和设计要求,生产中预埋件应按照不同材料、不同品种、不同规格分类存放并标识。

预埋螺栓是指将螺栓预埋在预制混凝土构件中,留出螺栓丝扣用来固定构件,可起到连接固定作用。预埋螺栓通常会在构件表面突出,运输时应特别注意,防止弯曲变形影响使用功能。而预埋螺母则在构件表面没有突出物,便于运输和安装。对于小型预制混凝土构件,预埋螺栓和预埋螺母在不影响正常使用和满足起吊受力性能的前提下,也可当作吊钉使用。

预埋吊钉主要供运输吊装时使用,多采用圆头吊钉、套筒吊钉、平板吊钉等。

预埋管线是指在预制构件中预先留设的管道、线盒等。

6.3　保温材料及连接件

6.3.1　保温材料

保温材料依据材料性质来分，可分为有机材料、无机材料和复合材料。使用保温材料能减少热损失，节约能源。据统计，我国建筑外墙所产生的能耗比发达国家高 4~5 倍，屋顶为 2.5~5.5 倍，外窗为 1.5~2.2 倍，门窗气密性为 3~6 倍。保温材料应该选用导热系数小、化学稳定性好、机械强度与环境适应、吸水率小的绝热材料。

1. 聚苯板

聚苯板全称聚苯乙烯泡沫板，又名泡沫板或者 EPS 板，是由含有挥发性液体发泡剂的可发性聚苯乙烯珠粒，经加热预发后在模具中加热成型的具有微细闭孔结构的白色固体，导热系数为 0.035~0.052 W/(m · K)，但容易吸水，随着吸水量的增大，其导热系数也增大，保温效果变差。

XPS 板是以聚苯乙烯树脂为原料加上其他的原辅料与聚合物，通过加热、混合同时注入催化剂，然后挤塑压出成型制成的硬质泡沫塑料板，见图 6.19。 它的学名为绝热用挤塑聚苯乙烯泡沫塑料(简称 XPS)。XPS 具有完美的闭孔蜂窝结构，这种结构让 XPS 板有极低的吸水性(几乎不吸水)、低导热系数(0.030 W/(m · K))、高抗压性、抗老化性(正常使用几乎无老化分解现象)。

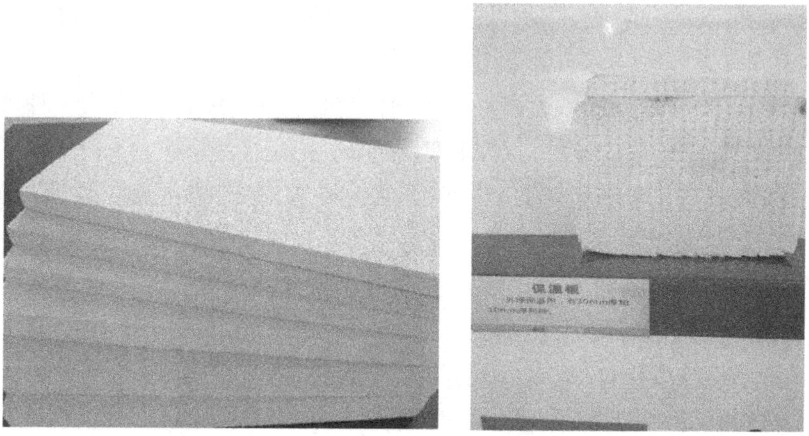

图 6.19　挤塑苯板

2. 泡沫混凝土板

泡沫混凝土又称发泡混凝土、轻质混凝土等，是一种利废、环保、节能、价廉且具有不燃性的新型建筑节能材料，它的导热系数为 0.070 W/(m · K)。轻质混凝土(泡沫混凝土)是通过化学或物理的方式,根据应用需要将空气或氮气、二氧化碳、氧气等气体引入混凝土浆体中,经过合理养护成型而形成的含有大量细小的封闭气孔并具有相当大强度的混凝土制品。轻质混凝土(泡沫混凝土)的制作通常是用机械方法将泡沫剂水溶液制备成泡沫。图 6.20 所示为泡沫混凝土板。

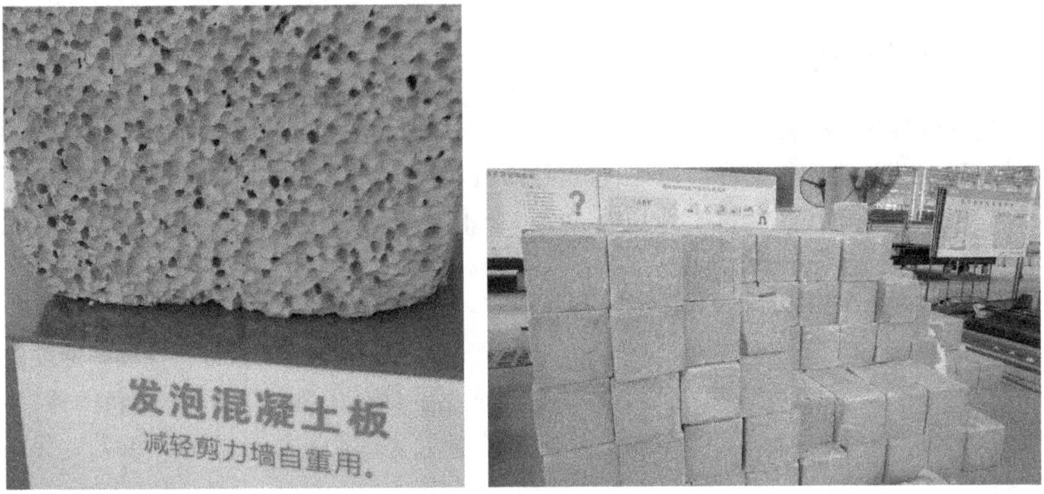

图 6.20　泡沫混凝土板

3. 硬质聚氨酯板

①硬质聚氨酯板导热系数低,热工性能好。当硬质聚氨酯容重为 35~40 kg/m³ 时，导热系数仅为 0.018~0.023 W/(m · K)，约相当于 EPS 板的一半,是所有保温材料中导热系数最低的一种。

② 硬质聚氨酯板具有防潮、防水性能。 硬质聚氨酯的闭孔率在 90% 以上,属于憎水性材料，不会因受潮增大导热系数，墙面也不会渗水。

③ 硬质聚氨酯板防火、阻燃、耐高温。聚氨酯在添加阻燃剂后，成为一种难燃的自熄性材料,其软化点可达到 250 ℃以上，仅在较高温度时才会出现分解。另外，聚氨酯在燃烧时会在其泡沫表面形成灰，这层灰有助于隔离下面的泡沫,有效防止火灾蔓延。而且，聚氨酯在高温下也不产生有害气体。

④由于硬质聚氨酯板具有优良的隔热性能，在同样的保温要求下，可减少建筑物外围护结构厚度，从而增加室内使用面积。

⑤硬质聚氨酯板抗变形能力强、不易开裂、饰面稳定、安全。

⑥聚氨酯材料孔隙结构稳定，基本上是闭孔结构，不仅保温性能优良,而且抗冻融、吸声性也好。 硬质聚氨酯保温构造的平均寿命，在正常使用与维修的条件下，能达到 30 年以上。在结构的寿命期内,正常使用条件下,干燥、潮湿或电化腐蚀以及由于昆虫、真菌、藻类生长或者由于啮齿动物的破坏等，都不会破坏其性能。

⑦综合性价比高。 虽然硬质聚氨酯板的单价比其他传统保温材料高，但增加的费用将

会因供暖和制冷费用的大幅度减少而抵消。

6.3.2　连接件

连接件（图 6.21）用于外墙板的面层、保温层和结构层之间的连接锚固，分为金属和非金属连接件两大类，其中非金属连接件采用纤维增强复合塑料（Fiber Reinforced Plastics，FRP）。FRP 由增强纤维和基体组成，一般是用玻璃纤维增强不饱和聚酯、环氧树脂与酚醛树脂做基体，以玻璃纤维或其制品做增强纤维的增强塑料。纤维（或晶须）的直径很小，一般在 10 μm 以下，缺陷较少，断裂应变在 30% 以内，是脆性材料，易损伤、断裂和受到腐蚀。基体相对于纤维来说，强度、模量都要低很多，但可以经受住大的应变，往往具有黏弹性和弹塑性，是韧性材料。

目前，工程结构中常用的 FRP 主材主要有碳纤维（CFRP）、玻璃纤维（GFRP）与芳纶纤维（AFRP），其材料形式主要有片材（纤维布和板）、棒材（筋材和索材）及型材（工字形、蜂窝形等）。

①预制夹心保温墙体连接件的分类。目前，在预制夹心保温墙体中使用的连接件主要有玻璃纤维连接件、玄武岩纤维钢筋连接件、不锈钢连接件三种。

②夹心外墙板中的连接件应符合下列规定：

a. 连接件采用的材料应满足现行国家相关标准的技术要求；

b. 连接件的密度、拉伸强度、拉伸弹性模量、断裂伸长率、热膨胀系数、承载力、变形和耐久性能、耐碱性、导热系数等应满足现行国家相关标准的规定，并经过试验验证；

c. 连接件应满足夹心外墙板的节能设计要求。

③连接件的设置方式应满足下列要求：

a. 棒状或片状连接件宜采用矩形或梅花形布置，间距一般为 400~600 mm，连接件与墙体洞口边缘的距离为 100~200 mm，当有具体要求时，可按照设计要求确定；

b. 连接件的锚入方式、锚入深度、保护层厚度等参数应满足现行国家相关标准的规定。

图 6.21　保温连接件

技术提示

装配式建筑对混凝土的基本要求如下。

(1)混凝土的力学性能指标和耐久性要求等应符合现行国家标准《混凝土结构设计规范》(GB 50010—2010)的规定。

(2)预制构件的混凝土强度等级不宜低于C30;预应力混凝土预制构件的混凝土强度等级不宜低于C40,且不应低于C30;现浇混凝土的强度等级不应低于C25。

(3)装配式结构宜采用高强混凝土。

装配式建筑对钢筋的基本要求如下。

(1)钢筋和钢材的力学性能指标和耐久性要求等应符合现行国家标准《钢结构设计标准》(GB 50017—2017)的规定。

(2)钢筋的选用应符合现行国家标准《混凝土结构设计规范》(GB 50010—2010)的规定。

(3)采用套筒灌浆连接和浆锚搭接连接时,钢筋应采用热轧带肋钢筋。

(4)钢筋焊接网应符合现行行业标准《钢筋焊接网混凝土结构技术规程》(JGJ 114—2014)的规定。

钢筋连接的方式:装配式混凝土结构中,构件与接缝处的纵向钢筋根据接头受力、施工工艺等情况,可选用钢筋套筒灌浆连接(浆锚搭接连接)、焊接连接、机械连接、绑扎连接等方式。

基础训练

一、填空题

1. 普通混凝土组成材料一般有水泥、(　　)、(　　)、(　　)、(　　)、(　　)等六种。

2. 混凝土正向着(　　)、(　　)、(　　)、(　　)、(　　)、(　　)的方向发展。

3. 混凝土的工作性包括流动性、(　　)、(　　)三个方面。

4. 如果受力筋用光圆钢筋,则两端要有(　　),以加强钢筋与混凝土的黏结,避免钢筋在受拉时滑动。

5. 钢筋按照在结构中的用途分为受力筋、箍筋、(　　)、(　　)及其他。

6. 钢筋按照轧制外形分为光圆钢筋、(　　)、钢线、冷轧扭钢筋。

7. 对于成盘的钢筋或者(　　)、(　　)的钢筋使用前应先将其调直。

8. 钢筋桁架通常也称为桁架钢筋,常用于钢筋桁架(　　)或者(　　)。

9. 成品钢筋堆放区必须设有明显的标识牌,注明(　　)、(　　)、钢筋简图、加工制作人及受检状态。

10. 钢筋套筒连接是指在金属套筒内灌注水泥基浆料，将钢筋(　　　)形成机械连接接头。装配式建筑的连接材料主要有钢筋连接用的灌浆(　　　)和灌浆料。

二、单项选择题

1. 装配式建筑围护系统的预制外墙是未来发展的方向，预制外墙具有(　　　)、维护、保温一体化的特点，是装配式建筑的核心关键部品。

A. 环保　　B. 装饰　　C. 节能　　D. 绿色

2. 装配式混凝土建筑结构中的接缝防水材料是(　　　)。

A. 主体材料　　B. 支撑材料　　C. 配套材料　　D. 结构材料

3. 混凝土是装配式混凝土结构建筑的主要材料，一般装配式建筑用混凝土的强度均在(　　　)以上，并且均是由搅拌机拌制的混凝土。

A.C100　　B.C60　　C.C30　　D.C20

4. 混凝土拌合物在本身自重或施工机械振捣的作用下，能产生流动，并均匀密实地填满模板的性能称为混凝土拌合物的(　　　)性。

A. 流动　　B. 黏聚　　C. 泌水　　D. 工作

5. 预埋(　　　)主要供运输吊装时使用，多采用圆头吊钉、套筒吊钉、平板吊钉等。

A. 吊钉　　B. 螺栓　　C. 螺母　　D. 管线

6. 保温材料依据材料(　　　)来分，可分为有机材料、无机材料和复合材料。

A. 性质　　B. 成分　　C. 元素　　D. 矿物组成

三、简答题

1. 试述装配式混凝土构件生产的一般流程。

2. 试述确定混凝土配合比的一般步骤。

3. 在选择装配式建筑围护系统的预制外墙保温材料时，主要考虑的因素有哪些？

第 7 章 装配式混凝土建筑施工技术

知识目标

1. 了解装配式混凝土结构工程施工前的准备工作。
2. 了解装配式混凝土建筑各构件的生产工艺。
3. 掌握装配式混凝土建筑竖向构件吊装的施工方法。
4. 掌握装配式混凝土建筑水平构件吊装的施工方法。

职业目标

1. 掌握装配式混凝土墙、柱等竖向构件的安装施工工艺流程。
2. 理解钢筋套筒灌浆连接的灌浆施工工艺与做法。
3. 掌握装配式混凝土楼板、梁等水平构件的安装施工工艺流程。

学习课件

扫一扫

本章课件

7.1　施工准备工作

施工现场(图 7.1)应根据装配化建造方式布置施工总平面图,宜规划主体装配区、构件堆放区、材料堆放区和运输通道。各个区域宜统筹规划布置,满足高效吊装、安装的要求;通道宜满足构件运输车辆平稳、高效、节能的行驶要求。

图 7.1　某工程项目施工现场模拟图

扫一扫

数字资源 7-1　项目概况

1. 技术准备

(1)深化设计图纸准备

装配式混凝土结构工程施工前,应由相关单位完成深化设计,并经原设计单位确认。预制构件的深化设计图应包括但不限于下列内容。

①预制构件模板图、配筋图、预埋吊件及各种预埋件的细部构造图等。

②夹心保温外墙板,应绘制内外叶墙板连接件布置图及保温板排布图。

③水、电线、管、盒预埋预设布置图。

④预制构件脱模、翻转过程中混凝土强度及预埋吊件的承载力验算。

⑤对带饰面砖或饰面板的构件,应绘制排砖图或排板图。

（2）施工组织设计

工程项目明确后，应该认真编写施工组织设计，突出装配式结构安装的特点，对施工组织及部署的科学性，施工工序的合理性，施工方法选用的技术性、经济性和实现的可能性进行科学的论证；能够达到科学合理地指导现场，组织调动人、机、料、具等资源完成装配式安装的总体要求；针对一些技术难点提出解决问题的方法。专项施工组织设计的基本内容应包含以下几项。

①编制依据。

②工程概况。

③施工部署。

④施工场地平面布置。

⑤主要设备机具计划。

⑥构件安装工艺。

⑦施工安全

⑧质量管理。

⑨绿色施工与环境保护措施。

数字资源 7-2　施工现场总平面布置

扫一扫

（3）施工现场总平面布置

施工现场总平面布置是在拟建工程的建筑平面上（包括周围环境），布置为施工服务的各种临时建筑、临时设施及材料、施工机械、预制构件等，施工现场总平面图是施工方案在现场的空间体现（见图 7.2）。它反映已有建筑在拟建工程、临时建筑与临时设施间的相互空间关系。

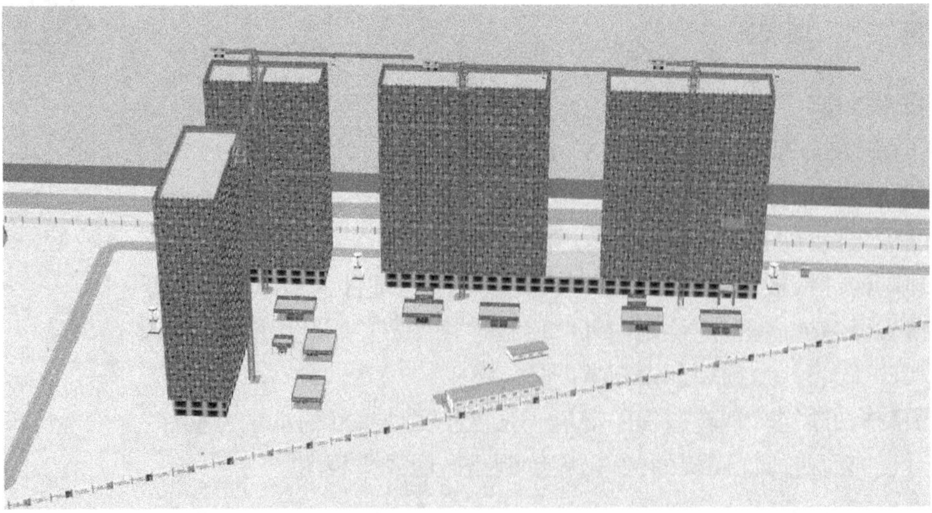

图 7.2　施工现场总平面布置

数字资源 7-3　图纸会审

扫一扫

（4）图纸会审

图纸会审是由设计、施工、监理单位以及有关部门参加的图纸审查会（见图 7.3），其目的有以下两个。

①使施工单位和各参建单位熟悉设计图纸，了解工程特点和设计意图，找出需要解决的技术难题，并制定解决方案。

②解决图纸中存在的问题，减少图纸的差错，使设计经济合理、符合实际，以利于施工顺利进行。

图 7.3　施工现场图纸会审

对于装配式结构，图纸会审应重点关注以下几个方面。

①装配式结构体系的选择和创新应该得到专家论证，深化设计图应该符合专家论证的结论。

②对于装配式结构与常规结构的转换层，其固定墙部分需与预制墙板灌浆套筒对接的预埋钢筋的长度和位置进行确认。

③墙板间边缘构件竖缝主筋的连接和箍筋的封闭，后浇混凝土部位的粗糙面和键槽。

④预制墙板之间上部叠合梁对接节点部位的钢筋（包括锚固板）搭接是否存在矛盾。

⑤外挂墙板的外挂节点做法、板缝防水和封闭做法。

⑥水、电线管盒的预埋、预留，预制墙板内预埋管线与现浇楼板的预埋管线的衔接。

2. 人员准备

（1）人员培训

根据装配式混凝土结构工程的管理和施工技术特点，对管理人员及作业人员进行专项培训，严禁未培训者上岗及培训不合格者上岗；建立完善的内部教育和考核制度，通过定期考核和劳动竞赛等形式提高职工素质。对于长期从事装配式混凝土结构施工的企业,应逐步建立专业化的施工队伍。

(2)技术交底

技术交底的内容包括图纸交底、施工组织设计交底、设计变更交底和分项工程技术交底。技术交底采用三级制,即项目技术负责人→施工员→班组长。项目技术负责人向施工员进行交底,要求细致、齐全,并应结合具体操作部位、关键部位的质量要求、操作要点及安全注意事项等进行交底。施工员接受交底后,应反复、细致地向操作班组长进行交底,除口头和文字交底外,必要时应进行图标、样板、示范操作等方法的交底。班组长在接受交底后,应组织工人进行认真讨论,保证其明确施工意图。

3. 进场预制构件的检验与存放

(1)构件存放场地及存放

预制构件运送到施工现场后,应按规格、品种、所用部位、吊装顺序分别设置堆场(见图7.4~图7.6)。

图 7.4　构件进场

图 7.5　构件吊装

图 7.6　构件存放

存放堆场应设置在吊车工作范围内,堆垛之间宜设置通道。根据装配式混凝土结构专项施工方案制订预制构件场内运输与存放计划,预制构件场内运输与存放计划包括进场时间、次序、存放场地、运输线路、固定要求、码放支垫及成品保护措施等内容,对于超高、超宽、形状特殊的大型构件的运输和码放应采取专项质量安全保证措施。

①施工现场内的道路应按照构件运输车辆的要求合理设置转弯半径及道路坡度。

②现场运输道路和存放堆场(见图7.7)应坚实、平整,并有排水措施。运输车辆进入施

工现场的道路,应满足预制构件的运输要求。预制构件装卸、吊装的工作范围内不应有障碍物,并应有满足预制构件周转使用的场地。

图 7.7　某工程预制墙板存放场地

③预制构件装卸时应考虑车体平衡,采取绑扎固定措施;预制构件边角部或与紧固用绳索接触的部位,宜采用垫衬加以保护。

④预制构件运送到现场后,应按规格、品种、使用部位、吊装顺序分别设置存放场地。存放场地应设置在吊车的有效吊重覆盖范围半径内,并设置通道。

⑤预制墙板宜对称插放(图 7.8)或靠放存放(图 7.9),支架应有足够的刚度,并设支垫稳固。预制外墙板宜对称靠放、饰面朝外,且与地面倾斜角度不宜小于 80°。

图 7.8　预制墙板对称插放

图 7.9　预制墙板靠放存放

⑥预制板类构件和预制楼梯构件可采用叠放方式存放(见图 7.10 和图 7.11)。构件层与层之间应垫平、垫实,每层构件之间的垫木或垫块应在同一垂直线上。依据工程经验,一

般中小跨构件叠放层数不超过 5 层,大跨和特殊构件叠放层数和支垫位置,应根据构件施工验算确定。预制楼梯构件堆放时,垫木应避开楼梯薄板处,在垫木外套塑料布,避免接触面损坏。

图 7.10　预制板类构件采用叠放方式存放

图 7.11　预制楼梯构件采用叠放方式存放

⑦预制墙板插放于墙板专用堆放架上(见图 7.12)。堆放架应设计为两侧插放,并满足强度、刚度和稳定性的要求,堆放架必须设置防磕碰、防下沉的保护措施;保证构件堆放有序、存放合理,确保构件起吊方便、占地面积最小。墙板堆放时根据墙板的吊装编号顺序进行堆放,堆放时要求两侧交错堆放,以保证堆放架的整体稳定性。

图 7.12　堆放架

⑧ PK 板的存放。PK 板的堆放场地应进行平整夯实，堆放场地应安排在起重机的覆盖区域内。堆放或运输时，PK 板不得倒置，最底层板下部应设置垫块，垫块的设置要求为：当板跨度 $L \leqslant 6.0$ m 时应设置 2 道垫块，当 6.0 m$<L \leqslant 8.7$ m 时应设置 4 道垫块。垫块上应放置垫木后再将 PK 板堆放在其上。各层 PK 板间需设垫木，且垫木应上下对齐。每垛堆放层数不大于 6 层，不同板号应分别堆放。具体堆放示意见图 7.13 和图 7.14。

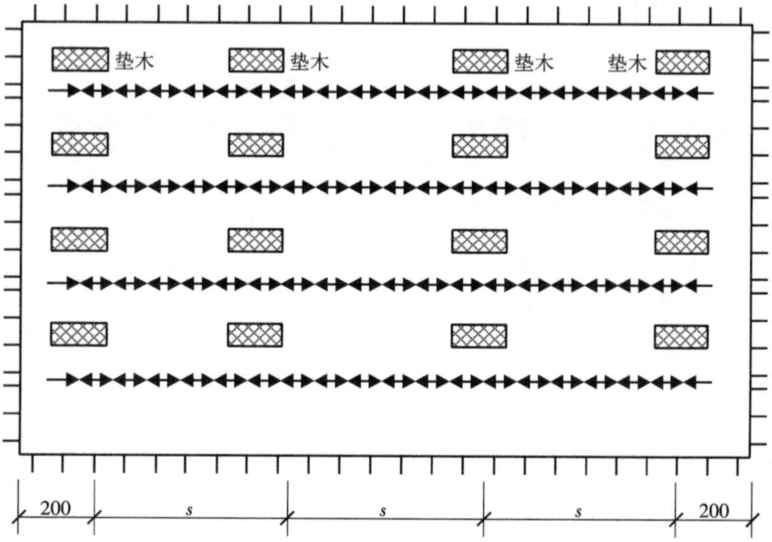

图 7.13　垫木摆放平面图

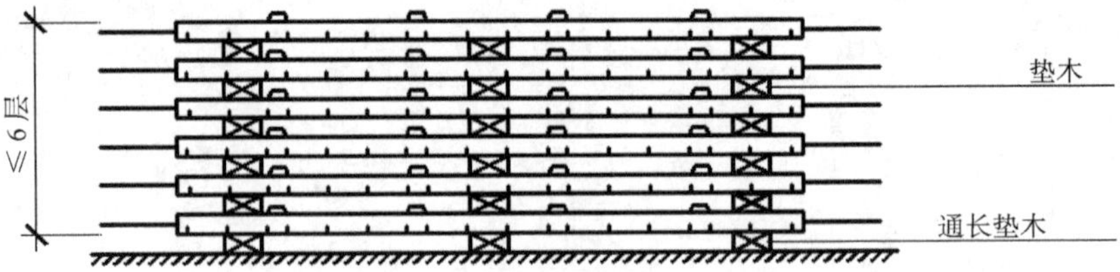

图 7.14　预制叠合板堆垛立面图

（2）构件入场检验

构件入场检验如图 7.15 所示。

图 7.15　构件施工现场检验、核对编号

①根据表 7.1 对入场预制构件的外观质量进行全数检查。检验方法是观察检查，要求外观质量不宜有一般缺陷，不应有严重缺陷。

表 7.1　预制构件外观质量判定表

项目	现象	质量要求	判定方法
露筋	钢筋未被混凝土完全包裹而外露	受力主筋不应有，其他构造钢筋和箍筋允许有少量	观察
蜂窝	混凝土表面石子外露	受力主筋部位和支撑点位置不应有，其他部位允许有少量	观察
孔洞	混凝土中孔洞深度和长度超过保护层厚度	不应有	观察
夹渣	混凝土中夹有杂物且深度超过保护层厚度	禁止夹渣	观察

续表

项目	现象	质量要求	判定方法
外形缺陷	内表面缺棱掉角、表面翘曲、抹面凹凸不平，外表面面砖黏结不牢、位置有偏差、面砖嵌缝没有达到横平竖直，转角面砖棱角不直、面砖表面翘曲不平	内表面缺陷不允许，要求达到预制构件允许偏差；外表面仅允许少量缺陷，但禁止面砖黏结不牢、位置有偏差、面砖表面翘曲不平，不得超过允许值	观察
外表缺陷	内表面麻面、起砂、掉皮、污染，外表面砖污染、窗框保护纸破坏	允许少量污染等不影响结构使用功能和结构尺寸的缺陷	观察
连接部位缺陷	连接处混凝土缺陷及连接钢筋、连接件松动	不应有	观察
破损	影响外观	影响结构性能的破损不应有，不影响结构性能和使用功能的破损不宜有	观察
裂缝	裂缝贯穿保护层到达构件内部	影响结构性能的裂缝不应有，不影响结构性能和使用功能的裂缝不宜有	观察

②入场的预制构件的尺寸偏差应符合相应的规定，对于施工过程中临时使用的预埋件中心线位置及后浇混凝土部位的预制构件尺寸偏差可按表 7.2 中的规定放大 1 倍执行。检查数量：按同一生产企业、同一品种的构件，不超过 100 个为一批，每批抽查构件数量的 5%，且不少于 3 件。

③应详细复查构件粗糙面（露集料）是否达到规范和设计要求；检查灌浆套筒是否畅通（见图 7.16）、有无异物和油污；检查钢筋的锚固方式及锚固长度。

④检查并留存出厂合格证，查收以下证明文件：预制构件隐蔽工程质量验收表；预制构件出厂质量验收表；钢筋进场复检报告；混凝土留样检验报告；保温材料、连接件、套筒等主要材料进场复验检验报告；产品合格证；产品说明书；其他相关的质量证明文件等资料。

4. 场内水平运输设备的选用与准备

（1）场内转场运输设备

场内转场运输设备应根据现场的具体实际道路情况合理选择，若场地大可以选择拖板运输车（见图 7.17），若场地小可以采用拖拉机拉拖盘车（见图 7.18）。在塔机难以覆盖的情况下，可以采用随车起重机（见图 7.19）转运墙板。

（2）转运架

转运架一般采用双面斜放形式，这种形式机动灵活，还可作为临时存放架（见图 7.20）。还有一种可以垂直安放的货厢式转运架（见图 7.21），这种转运架占用空间小、容量大。

表 7.2　构件入场实测检验表

<table>
<tr><td colspan="3">工程名称</td><td colspan="9"></td></tr>
<tr><td colspan="3">单位工程名称</td><td colspan="9"></td></tr>
<tr><td colspan="3">施工单位</td><td colspan="2"></td><td colspan="3">分包单位</td><td colspan="4"></td></tr>
<tr><td colspan="3">项目经理</td><td></td><td>技术负责人</td><td colspan="3"></td><td colspan="2">施工工长</td><td colspan="2"></td></tr>
<tr><td colspan="3">分部工程名称</td><td colspan="2"></td><td colspan="3">分项工程名称</td><td></td><td></td><td></td><td></td></tr>
<tr><td colspan="3">验收部位</td><td colspan="2"></td><td colspan="3">主要工程数量</td><td></td><td></td><td></td><td></td></tr>
<tr><td colspan="3">验收规范及图号</td><td colspan="9">CJJ 1—2008</td></tr>
<tr><td colspan="5">施工与质量验收规范的规定</td><td colspan="6">施工单位检查记录</td><td>监理单位验收记录</td></tr>
<tr><td rowspan="2">主控项目</td><td>1</td><td colspan="2">预制钢筋混凝土墙板强度应符合设计要求</td><td>第 14.5.2-5 条</td><td colspan="6"></td><td rowspan="2"></td></tr>
<tr><td colspan="3"></td><td></td><td colspan="6"></td></tr>
<tr><td colspan="5">施工与质量验收规范的规定</td><td colspan="3">不合格点的实测偏差值或实测值</td><td>应测点数</td><td>合格点数</td><td>合格率（%）</td><td></td></tr>
<tr><td rowspan="9">一般项目</td><td>1</td><td rowspan="8">允许偏差</td><td>厚、高（mm）</td><td>±5</td><td></td><td></td><td></td><td></td><td></td><td></td><td></td></tr>
<tr><td>2</td><td>宽度（mm）</td><td>0,−10</td><td></td><td></td><td></td><td></td><td></td><td></td><td></td></tr>
<tr><td>3</td><td>侧弯（mm）</td><td>≤ L/1 000</td><td></td><td></td><td></td><td></td><td></td><td></td><td></td></tr>
<tr><td>4</td><td>板面对角线（mm）</td><td>≤ 10</td><td></td><td></td><td></td><td></td><td></td><td></td><td></td></tr>
<tr><td>5</td><td>外露面平整度（mm）</td><td>≤ 5</td><td></td><td></td><td></td><td></td><td></td><td></td><td></td></tr>
<tr><td>6</td><td>麻面（%）</td><td>≤ 1%</td><td></td><td></td><td></td><td></td><td></td><td></td><td></td></tr>
<tr><td></td><td></td><td></td><td></td><td></td><td></td><td></td><td></td><td></td><td></td></tr>
<tr><td></td><td></td><td></td><td></td><td></td><td></td><td></td><td></td><td></td><td></td></tr>
<tr><td colspan="4">平均合格率（%）</td><td colspan="7"></td></tr>
<tr><td>施工单位检查意见</td><td colspan="4">质检员签名：
年　月　日</td><td>监理单位验收结论</td><td colspan="6">监理工程师签名：
年　月　日</td></tr>
</table>

图 7.16　灌浆套筒检查

图 7.17　大型构件使用拖板运输车

图 7.18　拖拉机拉拖盘车

图 7.19　随车起重机

图 7.20　转运架可作为临时存放架

图 7.21　货厢式转运架

（3）翻板机

对于长度大于生产线宽度，同时运输亦超高的竖向板，必须短边侧向翻板起模和运输，到现场则必须将板旋转 90° 实现竖向吊装。图 7.22 所示为液压翻板机。

图 7.22　液压翻板机

5. 垂直起重设备及用具的选用与准备

装配式混凝土工程中选用的起重机械，根据设置形态可以分为固定式和移动式两种（见图 7.23），施工时要根据施工场地和建筑物形状进行灵活选择。

图 7.23　起重设备图

起重作业一般包括两种：一种是与主体有关的预制混凝土构件和模板、钢筋及临时构件的水平和垂直起重；另一种是设备管线、电线、设备机器及建设材料、板类、楼板材料、砂浆、厨房配件等装修材料的水平和垂直起重。

选择起重机械的关键在于将作业半径控制在最小，根据预制混凝土构件的运输路径和起重机施工空间等要素，决定采用移动式的履带起重机还是采用固定式的塔式起重机。另外，选择时还要考虑主体工程时间，综合判断起重机的租赁费用、组装与拆卸费用以及拆换费用。

(1)起重吊装设备

根据装配式混凝土结构工程的施工要求，合理选择并配备吊装设备。

根据预制构件存放、安装和连接等要求，确定安装使用的机具方案，合理的方案可实现预制构件存放便利、吊装快捷、就位准确、安全可靠。

选择吊装主体结构预制构件的起重机械时，应按以下要求执行：起重量、作业半径(最大半径和最小半径)、力矩应满足最大预制构件组装作业要求，起重机械的最大起重量不宜小于10 t，塔式起重机应具有安装和拆卸空间，轮式或履带式起重设备应具有移动式作业空间和拆卸空间，起重机械的提升或下降速度应满足预制构件的安装和调整要求。

1)汽车起重机

汽车起重机(见图7.24)是以汽车为底盘的动臂起重机，其主要优点是机动灵活，在装配式工程中，主要用于低层钢结构吊装和外墙吊装，现场构件二次倒运，塔式起重机或履带起重机的安装与拆卸等。

图7.24 汽车起重机

2)履带起重机

履带起重机(见图7.25)也是一种动臂起重机，其机动性不如汽车起重机，动臂可以加长、起重量大，在起重力矩允许的情况下可以吊重行走。在装配式结构建筑工程中，履带起重机主要用于大型公共建筑的大型预制构件的装卸和吊装，大型塔式起重机的安装与拆卸，塔式起重机难以覆盖的吊装死角的吊装等。

图 7.25 履带起重机

3）塔式起重机

目前，用于建筑工程的塔式起重机（见图 7.26）按架设方式分为固定式、附着式、内爬式；按变幅形式分为小车变幅和动臂变幅两种。

图 7.26 塔式起重机

扫一扫

数字资源 7-4 塔吊选型

①塔式起重机选型。塔式起重机的型号取决于装配式建筑的工程规模,如小型多层装配式建筑工程,可选择小型的经济型塔式起重机;高层建筑工程,宜选择与之相匹配的塔式起重机。对于装配式结构,首先要满足起重高度的要求,塔式起重机的起重高度 = 建筑物高度 + 安全吊装高度 + 预制构件最大高度 + 索具高度。

②塔式起重机覆盖面。塔式起重机的型号决定了塔式起重机的臂长幅度,布置塔式起重机时,塔臂应覆盖堆场构件,避免出现覆盖盲区,减少预制构件的二次搬运。对含有主楼、裙房的高层建筑,塔臂应全面覆盖主体结构部分和堆场构件存放位置,裙楼力求塔臂全部覆盖。当出现难以解决的边角覆盖时,可考虑临时租用汽车起重机解决裙房边角垂直运输问题,不能盲目加大塔机型号,应认真进行技术经济比较分析后确定方案。

③塔式起重机最大起重能力的要求。在塔式起重机的选型中,应结合塔式起重机的尺寸及起重荷载的特点,重点考虑工程施工过程中最重的预制构件对塔式起重机吊运能力的要求,应根据其存放的位置、吊运的部位、与塔中心的距离,确定该塔式起重机是否具备相应的起重能力。起重量 × 工作幅度 = 起重力矩。确定塔式起重机方案时应留有余地,一般实际起重力矩在额定起重力矩的 75% 以下。

④塔式起重机的定位(见图 7.27)。塔式起重机与外脚手架的距离应该大于 0.6 m;塔式起重机和架空电线的最小安全距离应该满足表 7.3 的要求;当群塔施工时,两台塔式起重机的水平吊臂间的安全距离应大于 2 m,一台塔式起重机的水平吊臂和另一台塔式起重机的塔身的安全距离也应大于 2 m。

表 7.3 塔式起重机和架空电线安全距离

安全距离(m)	电压(kV)				
	< 1	1~15	20~40	60~110	220
沿垂直方向	1.5	3.0	4.0	5.0	6.0
沿水平方向	1.5	2.0	3.5	4.0	6.0

塔式起重机的臂长是指塔身中心到起重小车吊钩中心的距离。塔式起重机的臂长随着小车的行走变化,随着塔式起重机臂长的变化,塔式起重机的起重能力也是变化的。通常以塔式起重机的最大工作幅度作为塔式起重机臂长的参数,QTZ125(6018)塔式起重机实际工作臂长是 3~60 m,3~27.155 m 的臂长起重量最大,即最大起重量为 5 t,起重臂长为 60 m 时,塔式起重机的起重能力最小,仅为 1.8 t。

图 7.27　塔式起重机的定位

⑤附着式塔式起重机（见图 7.28）。对于装配式建筑，当采用附着式塔式起重机时，必须提前考虑附着锚固点的位置。附着锚固点应该选择在剪力墙边缘构件后浇混凝土部位，并考虑加强措施。

⑥内爬式塔式起重机（见图 7.29）。内爬式塔式起重机简称内爬吊，是一种安装在建筑物内部电梯井或楼梯间里的塔机，可以根据施工进度逐步向上爬升。除专用内爬式塔式起重机外，一般自升式塔式起重机通过更换爬升系统以及改造、增加一些附件，也可用作内爬吊。早在 20 世纪 60 年代初期，我国就已经采用内爬吊来进行高层建筑施工。近年来，北京、上海、广州、深圳等地多采用内爬吊进行高层建筑施工。

除具有上述优点外，内爬吊还能够对所有装配式构件的吊装进行全覆盖。目前，装配式建筑结构普遍使用的附着式塔式起重机，其与建筑附着部分的装配式墙板和结构关联部分必须进行特别加强处理，在附着式塔式起重机拆除后还需要对其附着加固部分进行修补处理。因此，在装配式建筑工程中，推广使用内爬式塔式起重机。

图 7.28 附着式塔式起重机

图 7.29 内爬式塔式起重机

(2)吊具的选择

吊具是用钢丝绳或合成纤维等原料做成的用于吊装的绳索,用于连接起重机吊钩和被吊装设备。吊具应按现行国家相关标准的有关规定进行设计验算或试验检验,经验证合格后方可使用;应根据预制构件的形状、尺寸及重量要求选择适宜的吊具,在吊装过程中,吊索水平夹角不宜小于 60°，不应小于 45°；尺寸较大或形状复杂的预制构件应选择设置分配梁或分配桁架的吊具，并应保证吊车主钩位置、吊具及构件重心在竖直方向重合。

吊具、吊索（见图 7.30）的使用应符合施工安装的安全规定。预制构件起吊时的吊点合力应与构件重心在同一条铅垂线上，宜采用标准吊具均衡起吊就位，吊具可采用预埋吊环或埋置式接驳器的形式。专用内埋式螺母或内埋吊杆及配套的吊具，应根据相应的产品标准和应用技术规定选用。

图 7.30　吊具、吊索

预制混凝土构件吊点应提前设计好，根据预留吊点选择相应的吊具。在起吊构件时，为了使构件稳定，不出现摇摆、倾斜、转动、翻倒等现象，应选择合适的吊具。

无论采用几点吊装，始终要使吊钩和吊具的连接点的垂线通过被吊构件的重心，它直接关系到吊装结果和操作的安全性（见图 7.31）。

图 7.31　吊装梁式构件

应根据被吊构件的结构、形状、体积、重量、预留吊点以及吊装的要求，结合现场作业条件，确定合适的吊具，保证吊索受力均匀。

各承载吊索间的夹角一般不应大于60°，其合力作用点必须保证与被吊构件的重心在同一条铅垂线上，保证吊运过程中吊钩与被吊构件的重心在同一条铅垂线上。在说明中提供吊装图（见图7.32）的构件，应按吊装图进行吊装。装配异型构件时，可采用辅助吊点配合简易吊具（见图7.33）调节物体所需位置的吊装法。

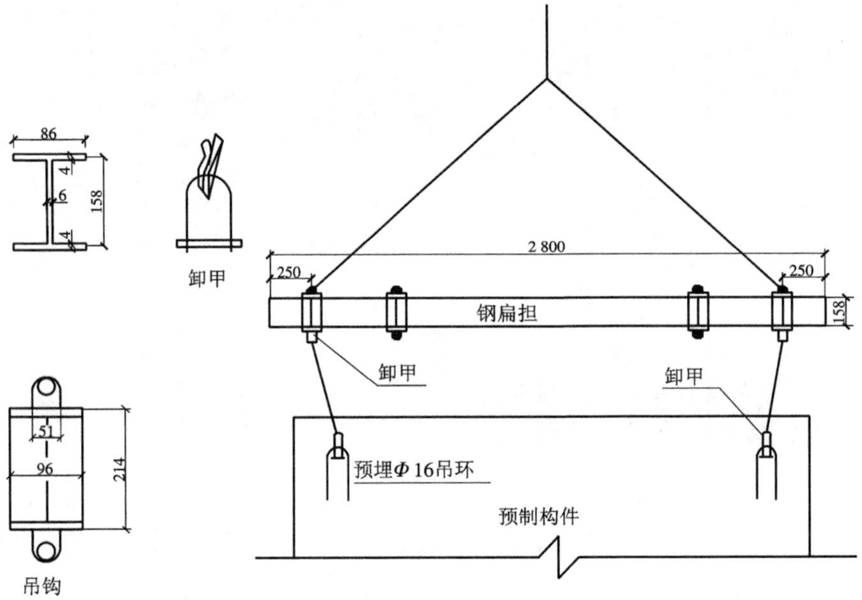

图7.32 梁式吊具示意图

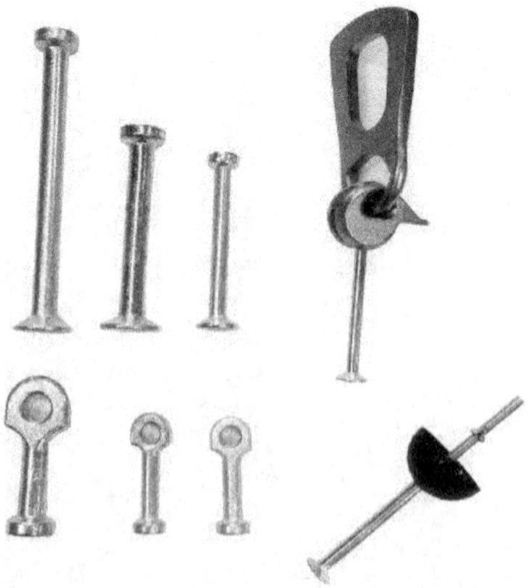

图7.33 吊具

当构件无设计吊钩(点)时,应通过计算确定绑扎点的位置。绑扎的方法应保证可靠和摘钩简便安全。

随着装配式建筑的发展,预制构件的预埋吊环也有了很好的发展,预埋吊环能够很方便地安装在构件里,其配套吊具保证了挂钩和摘钩简便安全。同时,构件预埋吊环不凸出墙端面,不与相邻构件发生矛盾。

(3)吊装构件的施工流程

吊装构件的施工流程如图 7.34 所示。

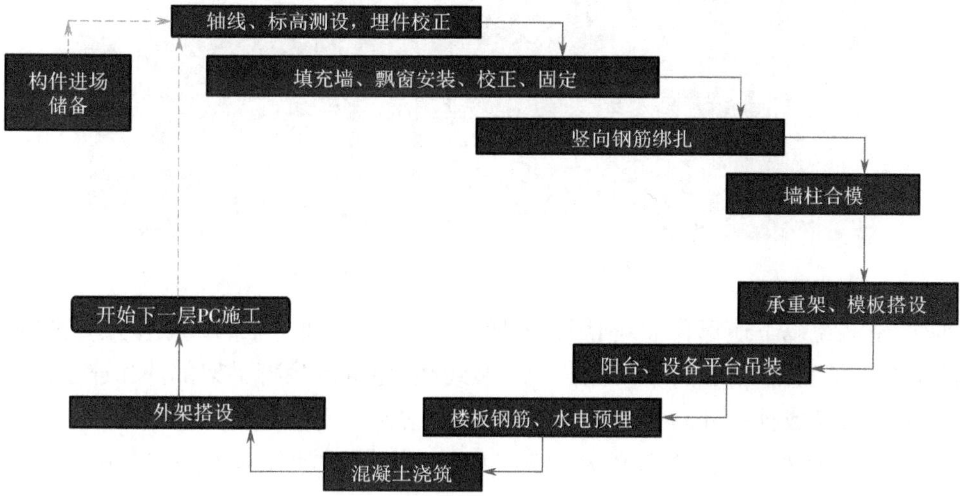

图 7.34　吊装构件的施工流程

6. 装配式混凝土结构工程施工辅助设备

(1)装配式结构脚手架

高层住宅项目的施工必须搭设外脚手架,并且应做严密的防护。装配整体式高层建筑采用外挂三角防护脚手架(见图 7.35),安全、实用,满足施工要求。

外挂三角防护脚手架有以下几点安全注意事项。

①把好材料质量关,避免使用质量不合格的架设工具和材料,脚手架使用的钢管、卡扣、三脚架及穿墙螺栓等必须符合施工技术规定的要求;三角挂架之间用钢管扣件连接牢固,避免挂架转动,保证挂架的稳定性。

②严格按照施工方案规定的尺寸进行搭设,并确保节点连接达到要求;操作平台要铺满、铺平脚手板,并用 12 号钢丝绑牢,不得有探头板;要有可靠的安全防护措施,其中包括两道护身栏,作业层的外侧面应设密目安全网,安全网应用钢丝与脚手架绑扎牢固,架子外侧应设挡脚板,挡脚板高度应不低于 18 cm;搭设完毕后和每次外防护架提升后应进行检查验收,检查合格后方可使用。

③外防护架允许的负荷最大不得超过 2.22 kN/m,脚手架上严禁堆放物料,严禁将模板支设在脚手架上,人员不得集中停留。

图 7.35 外挂三角防护脚手架

④应严格避免以下违章作业:利用脚手架吊运重物,非架子工的其他作业人员攀登架子上下,推车在架子上跑动,在脚手架上拉结吊装缆绳,随意拆除脚手架部件和连墙杆件,起吊构件和器材时碰撞或扯动外防护架,提升时架子上站人。

⑤六级以上大风、大雾、大雨和大雪天气应暂停外防护架作业面施工。雨、雪过后上外防护架平台操作要采取防滑措施。

⑥经常检查穿墙拉杆、安全网、外架吊具是否损坏,松动时必须及时更换。

(2)建筑吊篮

高空作业必不可少的就是建筑吊篮(见图 7.36),选择合适且安全的建筑吊篮至关重要,其关系到高空作业者的人身安全。应根据吊篮所用工程的施工方案所确定的参数,选取具体的吊篮型号。选定型号时,应比较吊篮的主要机构,即电器操纵系统、安全锁、工作平台(吊篮本体)、悬挂机构、提升机、配重等设备。

吊篮是一种悬空提升载人机具,在使用吊篮进行施工作业时必须严格遵守使用安全规则。

①吊篮操作人员必须经过培训,考核合格后取得有效证明方可上岗操作。吊篮必须由指定人员操作,严禁未经培训人员或未经主管人员同意擅自操作吊篮。

②作业人员作业时需佩戴安全帽和安全带,安全带上的自动锁扣应扣在单独牢固固定的建(构)筑物上的悬挂生命绳上。

③作业人员在酒后、过度疲劳、情绪异常时不得上岗作业。

④双机提升的吊篮必须有两名以上人员进行操作作业(见图 7.37),严禁单人升空作业。

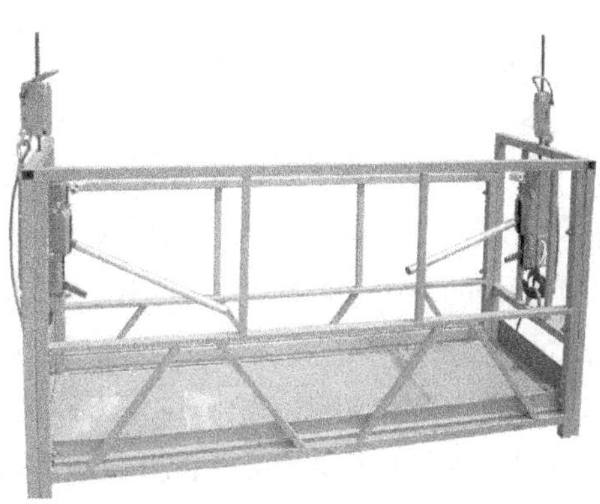

图 7.36　建筑吊篮

图 7.37　高空吊篮升空作业

⑤作业人员不得穿硬底鞋、塑料底鞋、拖鞋或其他底滑的鞋子进行作业，作业时严禁在悬吊平台内使用梯、搁板等攀高工具和在悬吊平台外另设吊具进行作业。

⑥作业人员必须在地面进出吊篮，不得在空中攀缘窗户进出吊篮，严禁在悬空状态下从一悬吊平台攀入另一悬吊平台。

（3）灌浆设备与用具

灌浆设备（见图 7.38）主要有：用于搅拌注浆料的手持式电钻搅拌机；用于计量水和注浆料的电子秤和量杯；用于向墙体注浆的注浆器；用于湿润接触面的水枪。

灌浆用具主要有：用于盛水、测试流动度的量杯；用于流动度试验的坍落度筒和平板；用于盛水、注浆料的大小水桶；用于把木头塞打进注浆孔封堵的铁锤以及小铁锹、剪刀、扫帚等。

图 7.38　灌浆设备

7. 装配式混凝土结构工程施工与传统工程施工的区别

我国现行的建筑施工技术，即钢筋混凝土现浇体系，又称湿法作业，形成于 20 世纪 80 年代。这种工法虽然对城乡建设快速发展贡献很大，但弊端也比较明显：一是施工工艺过于粗放，钢材水泥等建筑材料损耗较多；二是施工现场脏乱差，是城市的重要污染源；三是建筑开裂、渗漏等问题突出。所以，发展装配式混凝土结构是大势所趋，通过两种施工技术比对，装配式混凝土结构施工技术更优于传统施工技术，主要体现在以下三方面。

（1）功能多样化

通过现场大量的装配作业，使得现场现浇作业大大减少，可以显著提高劳动生产率。从功能上来看，首先，装配式建筑（图 7.39）外墙设计有保温的功能，能够让住户在冬天感觉到温暖，在夏天感觉到清凉，减少了空调的使用次数和对空气的污染；其次，装配式建筑的墙体和门窗的密封性较好，隔声效果好；最后，防火性能好，装配式建筑的特殊材料可以给人们提供安全舒适的居住环境，不容易在干燥的天气下自燃，长期使用不会出现裂缝、变黄等问题，装配式建筑的抗震性能也较好。

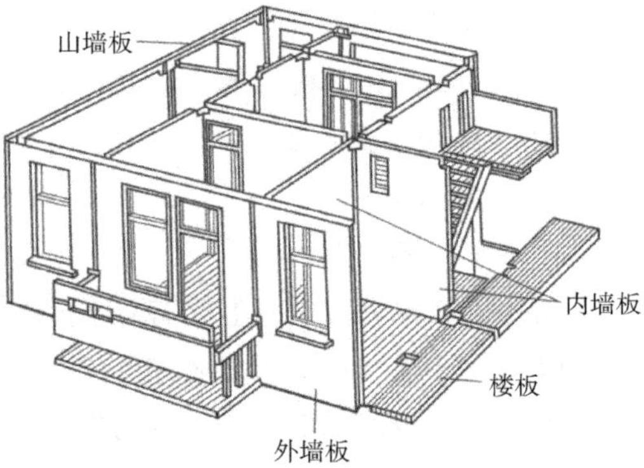

图 7.39　装配式建筑结构体系

（2）施工装配化

装配式建筑大量的构件都是由工厂生产加工完成，既保证了装修质量，又能加快工程整体进度。由于装配式建筑的重量比传统的建筑小，只要画好基本的构造图便可以直接在工地上进行施工（图 7.40），其施工速度非常快，因此工作效率也提高很多。

图 7.40　装配化施工

（3）装配式建筑施工技术

装配式建筑是建筑工业化的主要形式、产物和载体，有工业化、装配化、标准化、一体化等特点，是由建筑部品、建筑构件、结构构件以及机电设备等部分以可靠的连接方式装配而成的建筑。装配式混凝土结构是目前我国装配式建筑最主要的结构形式。

①主要构件采用预制件。大量的建筑部品及构件由车间生产预制（图7.41），采用平面化的施工方式辅以先进的计算机代替现浇结构立体交叉作业，可制造出误差在几毫米之内的高精度预制构件。基于混凝土材料的强兼容性，可以使用预制工业生产出种类繁多的产品。

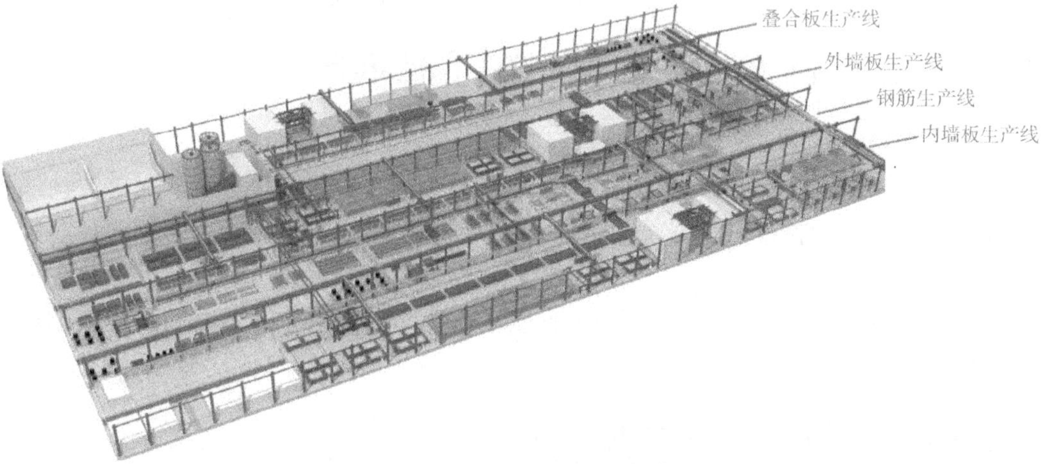

图7.41 预制构件生产车间布置图

②预制构件大多采用防水、保温、结构一体成型、性能完善的一体化制造工艺，减少了物料损耗和施工工序。同时，由于预制构件的浇筑、养护、存放均在工厂进行，受天气影响小，利于冬季施工，在工厂生产存放期间建筑材料中的有害物质得到释放，因此装配式建筑建成后对人体的损害较小。

③装配式建筑的结构及构件预制完成后将被运输到施工现场，采用机械化吊装装配。施工时各工序可并行施工，在设计院绘制部分或全部构件制作图的同时，预制构件生产厂进行构件制造、储存、出厂、运送，而现场的桩工程和基础以及地下工程的施工也可在同一时间完成，吊装过程及预制构件生产过程可与现场各专业施工同时进行。装配式建筑施工由于不再遵循传统的操作面工序而转为工厂生产，因此减少了操作面的施工工序，降低了施工难度，使工程建设劳动效率得到很大的提高，大大缩短了工程建设周期。

④对放线及标高测量精度、预留孔位置要求高。由于工厂化生产，预制构件尺寸不可改变，放线尺寸偏小会导致预制构件无法安装，偏大又会导致拼缝过大。标高测量也需更加准确，剪力墙的标高如果控制不好会造成叠合板不能平整安装，或者导致剪力墙与板间缝隙过大而需重新支模。装配式混凝土结构预留预埋时，孔的位置和尺寸必须精准，否则重新开槽

及洞口会给施工增加难度，甚至影响结构安全。

7.2 预制混凝土竖向受力构件的现场施工

装配式混凝土建筑的竖向构件主要是框架柱和剪力墙。其中，现浇框架柱和剪力墙的施工方式与传统现浇结构相同，本节不再赘述。本节主要讲述预制混凝土外墙构件安装的施工内容，预制混凝土框架柱构件的内容结合数字资源进行阐述。

7.2.1 预制混凝土竖向受力构件施工前的准备

1. 现浇混凝土固定墙钢筋的定位及复核

定位钢筋应该严格按设计要求进行加工，同时，为了保证预制墙体吊装时能更快插入连接套筒中，所有定位钢筋插入段必须采用砂轮切割机切割，严禁使用钢筋切断机切断。切割后应保证插入端无切割毛刺。

为保证预制墙体定位插筋位置准确，可以采用钢筋定位措施件预绑和钢筋定位措施件调整以准确定位（见图 7.42）。

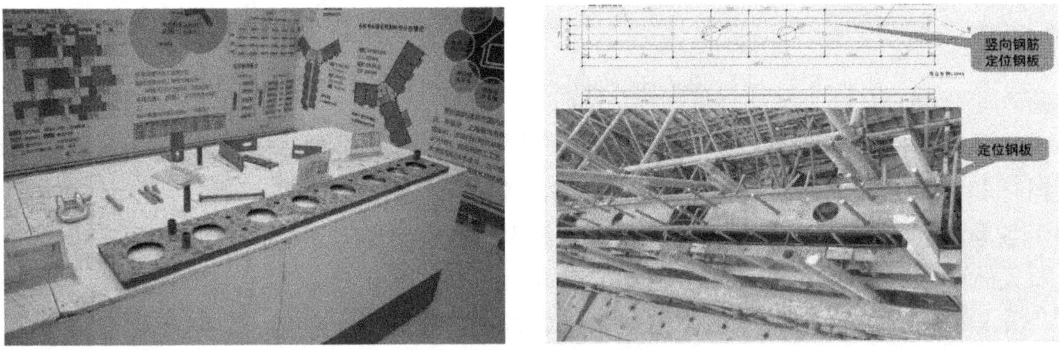

图 7.42 钢筋定位措施

在吊装前，定位钢筋位置的准确性还应再认真地复查一遍，浇筑混凝土前应该将定位钢筋插入端全部用塑料管包敷，避免被混凝土污染，在上部墙板吊装安放前拆除。

2. 钢筋套筒灌浆连接构件接头的结构试验

装配整体式结构构件的竖向钢筋连接主要采用钢筋套筒灌浆连接方式，如图 7.43 所示。

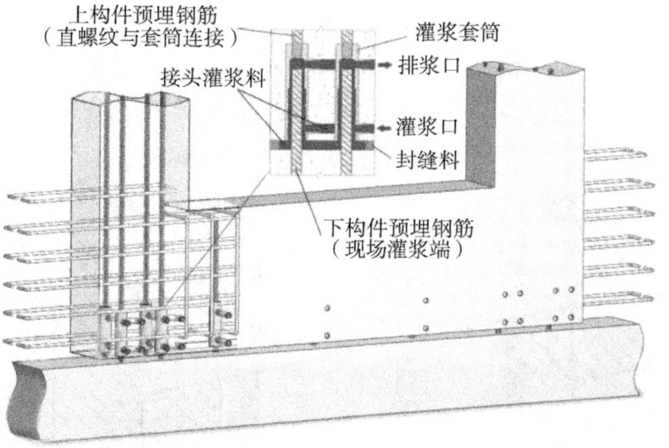

图 7.43　钢筋套筒灌浆连接构件接头示意图

钢筋套筒灌浆连接套筒的材质有两种：图 7.44 所示为钢质灌浆套筒，同时，按工艺还可以分为全灌浆套筒和一端为螺纹连接的半灌浆套筒；图 7.45 所示为目前我国装配整体式建筑普遍使用的球墨铸铁半灌浆套筒。

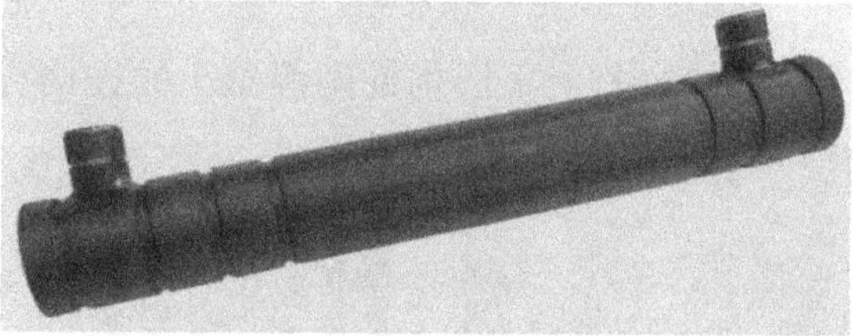

图 7.44　钢质灌浆套筒

图 7.45　球墨铸铁半灌浆套筒

经实践证明，钢筋套筒灌浆连接方式成功地解决了装配式混凝土结构竖向钢筋连接的难题。但是必须对其连接的可靠性予以高度重视，除要求钢筋套筒的质量必须符合《钢筋连接用灌浆套筒》（JG/T 398—2012）的要求，半钢筋套筒和钢筋的螺纹连接符合《钢筋机械连接技术规程》（JGJ 107—2016）的要求，灌浆料符合《钢筋连接用套筒灌浆料》（JG/T 408—2013）的要求外，《装配式混凝土结构技术规程》（JGJ 1—2014）第 11.1.4 条中严格规定："预制结构构件采用钢筋套筒灌浆连接时，应在构件生产前进行钢筋套筒灌浆连接接头的抗拉强度试验。"图 7.46 所示为钢筋套筒灌浆连接接头的抗拉强度试验试件摆放架。

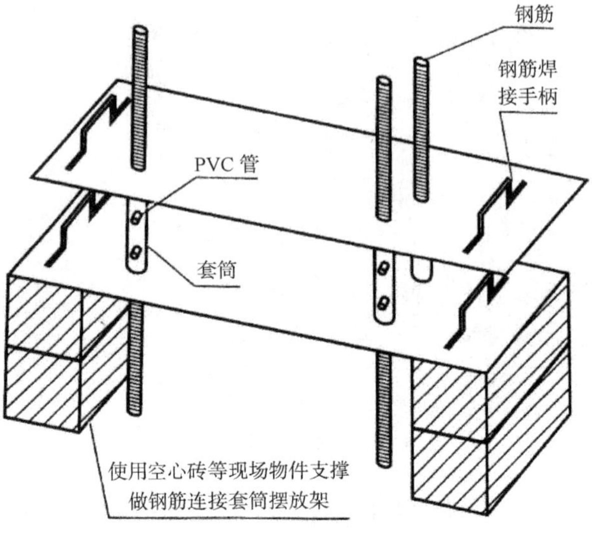

图 7.46　钢筋套筒灌浆连接接头的抗拉强度试验试件摆放架

7.2.2　预制混凝土竖向受力构件的安装施工

预制混凝土框架柱、剪力墙构件安装工艺(图 7.47)中,上下层构件间混凝土的连接有坐浆法和注浆法两种方式。预制混凝土剪力墙构件安装常采用注浆法。

图 7.47　预制外墙板安装施工流程图

1. 墙板安装位置测量画线、铺设坐浆料

①墙板安装位置测量画线(图 7.48)。安装施工前,应在预制构件和已完成的结构上测量放线,设置安装定位标志。对于装配式剪力墙结构,测量、安装、定位主要包括以下内容。

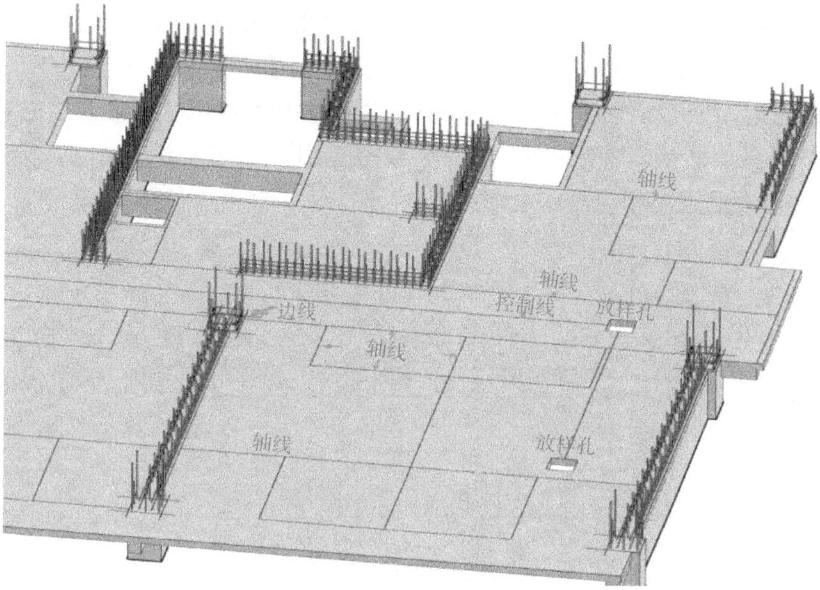

图 7.48 墙板测量画线

a. 每层楼面轴线垂直控制点不应少于 4 个，楼层上的控制轴线应使用经纬仪由底层原始点直接向上引测，每个楼层应设置 1 个引测高程控制点。

b. 预制构件控制线应由轴线引出，每块预制构件应有纵、横控制线各 2 条。

c. 预制外墙板安装前应在墙板内侧弹出竖向与水平线，安装时应与楼层上该墙板控制线相对应。

d. 当外墙采用饰面砖装饰时，饰面砖竖向、横向砖缝应引测，贯通到外墙内侧来控制相邻板与板之间、层与层之间饰面砖砖缝对直。

e. 预制外墙板垂直度测量，4 个角留设的测点为预制外墙板转换控制点，用靠尺以此 4 点为基准在内侧进行垂直度校核和测量。

f. 应在预制外墙板顶部设置水平标高点，在上层预制外墙板吊装时应先垫垫块或在构件上预埋标高控制调节件。

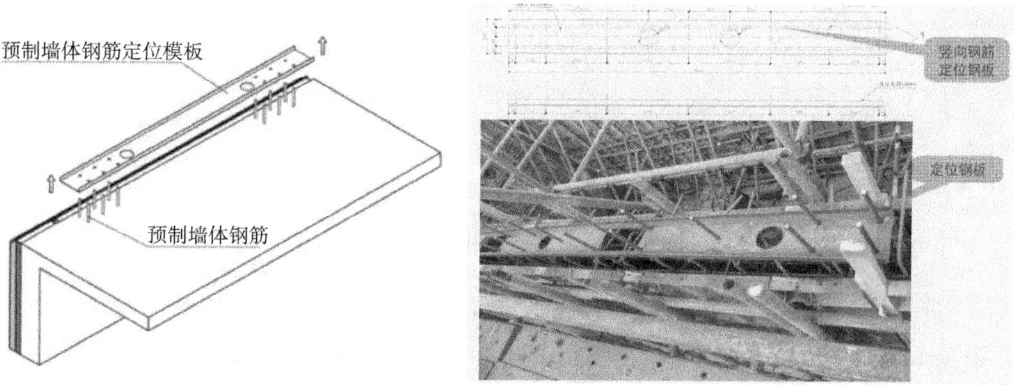

图 7.49 预制墙体钢筋定位模板

②测量过程中应该及时将所有柱、墙、门洞的位置在地面弹好墨线，并准备铺设坐浆料。将安装位洒水阴湿，地面上、墙板下放好垫块，垫块保证墙板底标高的正确，由于坐浆料通常在 1 h 内初凝，所以吊装必须连续作业，相邻墙板的调整工作必须在坐浆料初凝前进行。

③铺设坐浆料。坐浆（图 7.50）时坐浆区域需运用等面积法计算出三角形区域面积。同时，坐浆料必须满足国家相应技术要求。

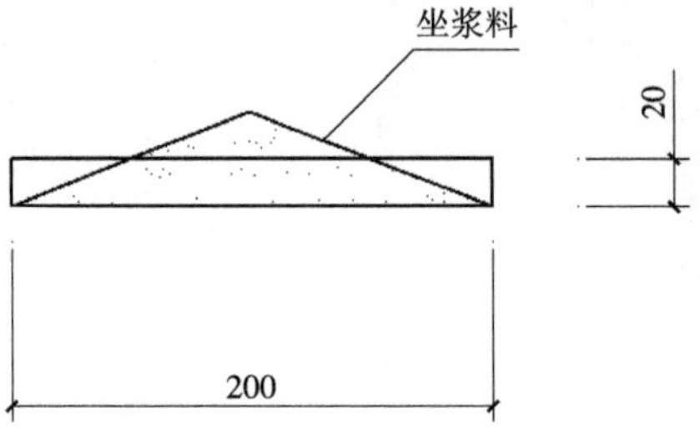

图 7.50　坐浆示意图

a. 坐浆料坍落度不宜过高，一般采用 40~60 MPa 的灌浆料，使用小型搅拌机加适当的水搅拌而成，不易调制过稀，必须保证坐浆完成后形成中间高、两端低的形状。

b. 坐浆料内粗集料的最大直径为 4~5 mm，且坐浆料必须有微膨胀性。

c. 坐浆料强度等级应比相应预制墙板混凝土的强度提高一个等级。

d. 为防止坐浆料填充到外叶板之间，在苯板处补充 50 mm × 20 mm 的苯板堵塞缝隙（图 7.51）。

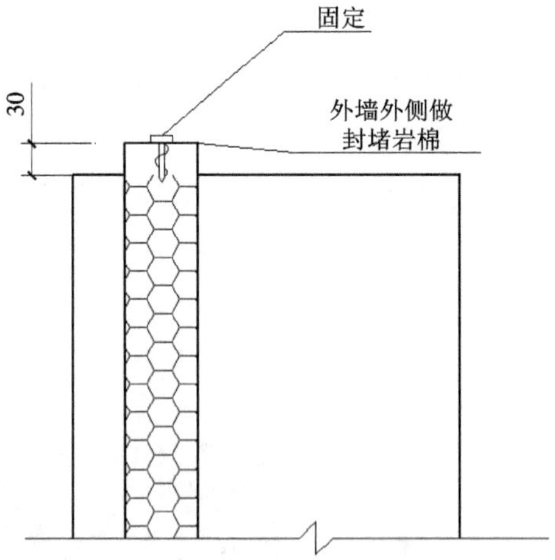

图 7.51　夹心墙保温板局部封堵

④剪力墙底部接缝处坐浆强度应该满足设计要求。同时，以每层为一检验批；每工作班应制作一组且每层不少于 3 组边长为 70.7 mm 的立方体试件，标准养护 28 d 后进行抗压强度试验。

2. 墙板吊装、定位校正和临时固定

(1)墙板吊装

由于吊装作业需要连续进行,所以吊装前的准备工作非常重要。图 7.52 所示为墙板吊装施工。

图 7.52　墙板吊装施工

数字资源 7-5　预制墙板吊装

扫一扫

应将所有柱、墙、门洞的位置在地面弹好墨线,根据后置埋件布置图,采用后钻孔法安装预制构件定位卡具,并进行复核检查;同时,对起重设备进行安全检查,并在空载状态下对吊臂角度、负载能力、吊绳等进行检查,对起吊最困难的部件进行空载实际演练(必须进行)。将倒链、斜撑杆、螺钉、扳手、靠尺、开孔电钻等工具准备齐全,操作人员对操作工具进行清点。检查预制构件预留螺栓孔缺陷情况,在吊装前进行修复,保证螺栓孔丝扣完好。提前架好经纬仪、水平仪并调平。填写施工准备情况登记表,施工现场负责人检查核对签字后方可开始吊装。预制墙板吊装示意如图 7.53 所示。

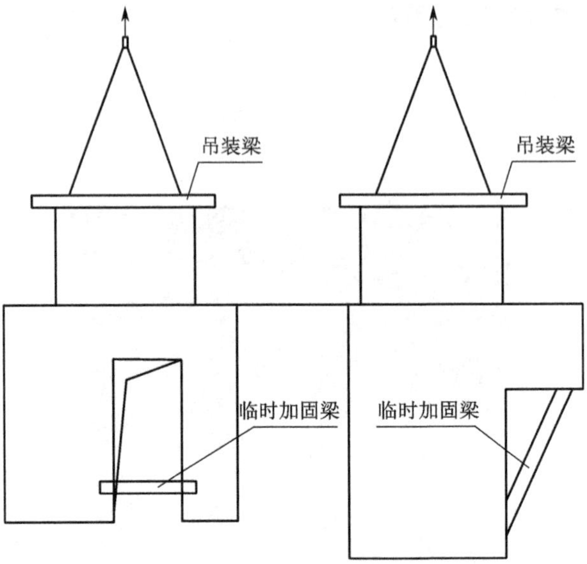

图 7.53　预制墙板吊装示意

数字资源 7-6　预制框架柱吊装

扫一扫

(2)墙板定位校正

墙板底部若局部套筒未对准,可使用倒链对墙板进行手动微调、对孔。底部没有灌浆套筒的外填充墙板直接顺着角码缓缓放下。

数字资源 7-7　预制墙板校正、固定支撑

扫一扫

垂直坐落在准确的位置后拉线复核水平是否有偏差,无误差后利用预制墙板上的预埋螺栓和地面后置膨胀螺栓安装斜支撑杆,复测墙顶标高后,方可松开吊钩,利用斜撑杆调节好墙体的垂直度(注:调节斜撑杆时必须两名工人同时同方向分别调节两根斜撑杆);调节好墙体垂直度后,刮平底部坐浆。

安装施工应根据结构特点按合理顺序进行,需考虑到平面运输、结构体系转换、测量校正、精度调整及系统构成等因素,及时形成稳定的空间刚度单元。必要时应增加临时支撑结构或临时措施。单个混凝土构件的连接施工应一次完成。

预制墙板等竖向构件安装后,应对安装位置、安装标高、垂直度、累计垂直度进行校正与调整（见图 7.54）。

图 7.54　墙板定位校正

（3）墙板临时固定支撑

安装阶段的结构稳定性对保证施工安全和安装精度非常重要，构件在安装就位后，应采取临时措施进行固定。临时支撑结构或临时措施应能承受结构自重、施工荷载、风荷载、吊装产生的冲击荷载等作用，并不至于使结构产生永久变形（见图 7.55）。

图 7.55　预制墙板临时支撑构件

预制构件安装采用临时支撑时，应符合下列规定。

①每个预制构件的临时支撑不宜少于 2 道。

②对预制柱、墙板构件的上部斜支撑，其支撑点距离板底的距离不宜小于构件高度的 2/3，且不应小于构件高度的 1/2（见图 7.56）。

③构件安装就位后，可通过临时支撑对构件的位置和垂直度进行微调。

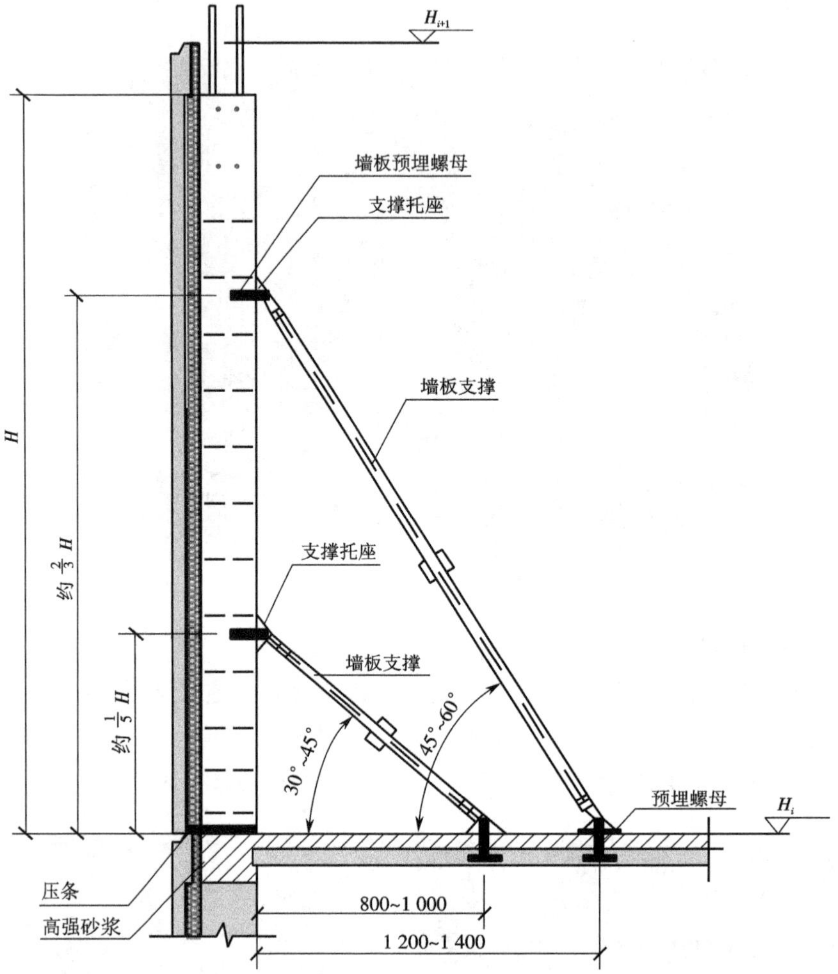

图 7.56 墙板临时固定支撑

3. 钢筋套筒灌浆施工

(1)钢筋套筒灌浆施工规定

钢筋套筒灌浆施工是装配式混凝土结构工程的关键环节之一。在实际工程中,连接的质量在很大程度上取决于施工过程控制,因此要对作业人员进行专业培训考核;套筒灌浆及浆锚搭接连接施工需符合有关技术规程和认证配套产品使用说明书的要求;另外,灌浆料性能受环境温度影响明显,应充分考虑作业环境对材料性能的影响,采用切实可行的灌浆作业工艺,保证灌浆质量。

钢筋套筒灌浆连接接头(见图 7.57)的质量必须满足以下要求:必须采取经过认证的配套产品,产品应具有良好的施工工艺适应性,此处配套要求是指工艺检验的灌浆料要和形式检验以及施工现场采用的材料一致,工艺检验的套筒要和形式检验以及构件生产厂使用的套筒一致;严格执行专项质量保证措施和体系规定,明确责任主体;施工人员必须是经过培训的、合格的专业作业人员，严格执行技术操作要求；施工管理人员应进行全程施工质量检查记录，能提供可追溯的全过程的检查记录和影像资料；施工验收后，如对套筒灌浆连接接头质量有疑问，可委托第三方独立检测机构进行检测。

图 7.57　钢筋套筒灌浆连接接头

墙板安装前，应核查形式检验报告和墙板构件生产前灌浆套筒接头工艺检验质量报告。同时，按不超过 1 000 个灌浆套筒为一批，每批随机抽取 3 个灌浆套筒制作对中连接接头，试件标养 28 d，并进行抗拉强度检验。此项为强制性条文，不可复检。灌浆施工机具设备见图 7.58。

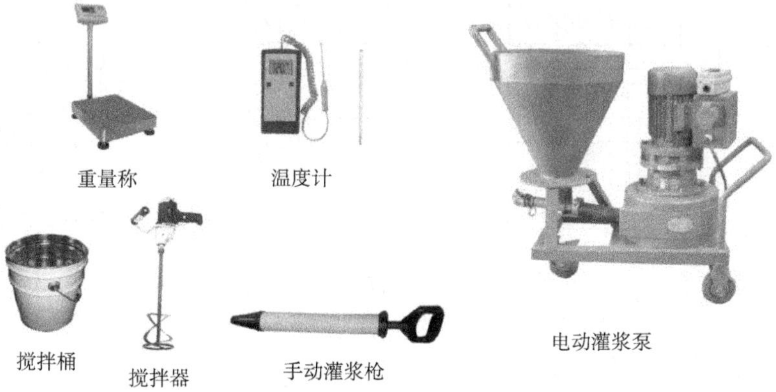

图 7.58　灌浆施工机具设备

灌浆料进场时，应对其拌合物 30 min 流动度、泌水率及 1 d 强度、28 d 强度、3 h 膨胀率进行检验（见图 7.59），检验结果应符合建筑工业行业标准《钢筋连接用套筒灌浆料》（JG/T

408—2013）的有关规定。检验方法是检查质量证明文件和抽样检验报告。

图 7.59　灌浆料拌合物的流动度测试及标准试模制作

（2）套筒连接工艺

半灌浆套筒连接工艺流程见图 7.60。

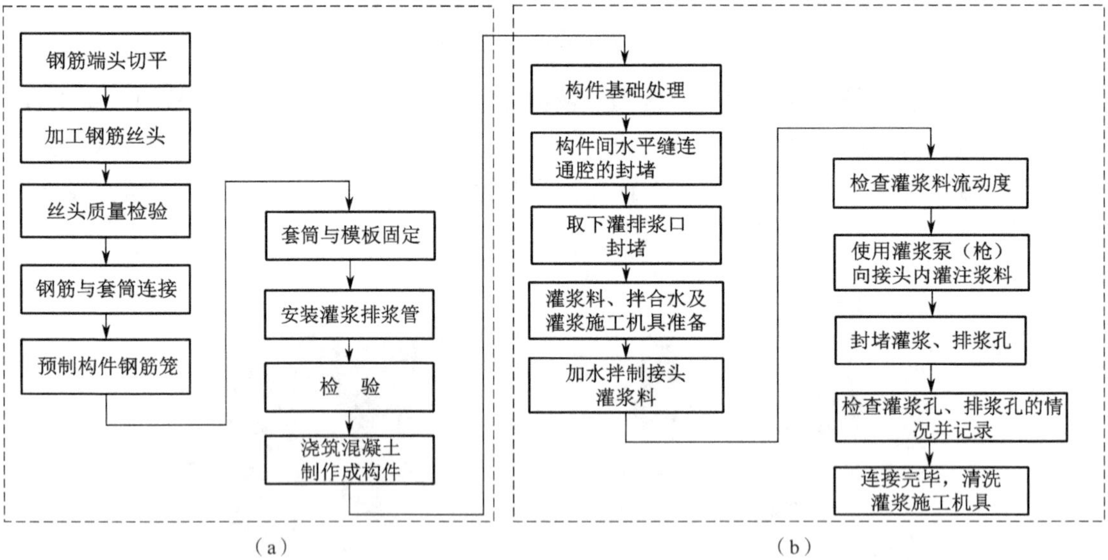

图 7.60　半灌浆套筒连接工艺流程图

（a）构件预制阶段钢筋螺纹连接；（b）构件安装现场钢筋灌浆连接

全灌浆套筒连接工艺流程见图 7.61。

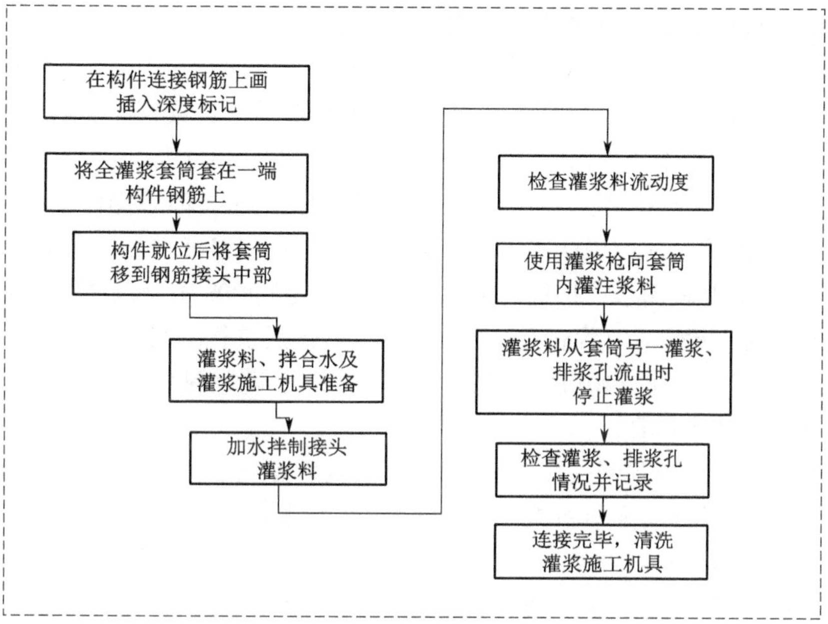

图 7.61　全灌浆套筒连接工艺流程图

构件间水平缝连通腔的封堵:采用干硬性水泥砂浆灌浆料进行封堵和分仓。

扫一扫

数字资源 7-8　构件间封堵分仓

(3)钢筋套筒灌浆施工工艺

钢筋套筒灌浆施工工艺(见图 7.62)如下。

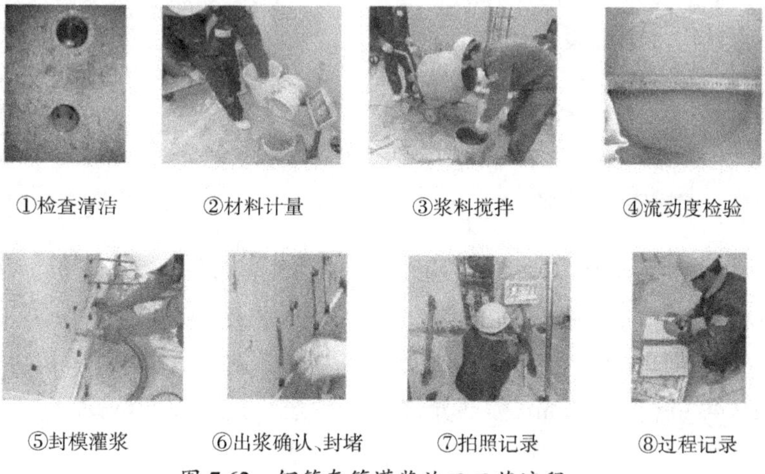

图 7.62　钢筋套筒灌浆施工工艺流程

①灌浆前，应制定灌浆操作的专项质量保证措施。

②湿润注浆孔，注浆前应用水将注浆孔进行润湿。

③搅拌灌浆料。灌浆料与水拌合，以重量计，加水量与干料量为标准配合比，拌合用水必须经称重后加入（注：拌合用水采用饮用水，水温控制在 20 ℃以下，尽可能现取现用）。为使灌浆料的拌合比例准确并且在现场施工时能够便捷地进行灌浆操作，现场使用量筒作为计量容器，根据灌浆料使用说明书加入拌合用水。先在搅拌桶内加入定量的水，搅拌机、搅拌桶就位后，将灌浆料倒入搅拌桶内加水搅拌，加水至约 80% 的水量搅拌 3~4 min 后，再加所剩约 20% 的水，搅拌均匀后静置一小会儿，排气，然后进行灌浆作业。灌浆料通常可在 5~40 ℃时使用。灌浆料拌合物应在制备后 0.5 h 内用完，灌浆料拌合物的流动度应满足现行国家相关标准和设计要求。

④灌浆及封堵。在预制墙板校正后、预制墙板两侧现浇部分合模前进行灌浆操作。采用专用的灌浆机进行灌浆，灌浆机有一定的压力，由墙体下部中间的灌浆孔进行灌浆，灌浆料先流向墙体下部 20 mm 找平层，当找平层注满后，上部排气孔有浆料溢出，立即用木塞子进行封堵。该墙体所有孔洞均溢出浆料后，视为该面墙体灌浆完成。

数字资源 7-9　墙板灌浆工艺

扫一扫

灌浆施工时环境温度应在 5 ℃以上，必要时，应对连接处采取保温加热措施，保证在浆料 48 h 凝结硬化过程中连接部位的温度不低于 10 ℃。灌浆完毕后立即清洗搅拌机、搅拌桶、灌浆筒等器具，以免灌浆料凝固、清理困难，注意灌浆筒每灌注完成一筒后需清洗一次，清理完毕方可再次使用。所以，每个班组灌浆操作时必须至少准备三个灌浆筒，其中一个备用。灌浆作业完成后 12 h 内，构件和灌浆连接接头不应受到振动或冲击作用。灌浆作业应及时形成施工质量检查记录表。

数字资源 7-10　墙板安装灌浆

扫一扫

在施工现场灌浆作业中，灌浆料的 28 d 抗压强度应符合设计要求及现行标准《钢筋连接用套筒灌浆料》（JG/T 408—2013）的规定，用于检验强度的试件应在灌浆地点制作。每工作班取样不得少于 1 次，每楼层取样不得少于 3 次；每次抽取 1 组试件，每组 3 个试块，试块规格为 40 mm × 40 mm × 160 mm，标准养护 28 d 后进行抗压强度试验。

7.2.3　装配式混凝土结构后浇混凝土的施工

1. 装配式混凝土结构后浇混凝土的钢筋工程

(1)钢筋连接

装配式混凝土结构的钢筋连接(见图 7.63)如果采用焊接连接,接头应符合现行行业标准《钢筋焊接及验收规程》(JGJ 18—2012)的有关规定;如果采用机械连接接头,应符合现行行业标准《钢筋机械连接技术规程》(JGJ 107—2016)的有关规定,机械连接接头部位的混凝土保护层厚度宜符合现行国家标准《混凝土结构设计规范》(GB 50010—2010)中受力钢筋的混凝土保护层最小厚度的规定,且不得小于 15 mm,接头之间的横向净距不宜小于 25 mm;当采用弯钩或机械锚固措施时,钢筋锚固端的锚固长度应符合现行国家标准《混凝土结构设计规范》(GB 50010—2010)的有关规定;采用锚固板时,应符合现行行业标准《钢筋锚固板应用技术规程》(JGJ 256—2011)的有关规定。

图 7.63　装配式混凝土结构的钢筋连接

(2)钢筋定位

装配式混凝土结构后浇混凝土内的连接钢筋应埋设准确,连接与锚固方式应符合设计和现行有关技术标准的规定。构件连接处钢筋位置应符合设计要求。当设计无具体要求时,应保证主要受力构件和构件中主要受力方向的钢筋位置,并应符合下列规定:框架节点处,梁纵向受力钢筋宜置于柱纵向钢筋内侧;当主、次梁底部标高相同时,次梁下部钢筋应放在主梁下部钢筋之上,剪力墙中水平分布钢筋宜置于竖向钢筋外侧,并在墙端弯折锚固。

钢筋套筒灌浆连接接头的预留钢筋应采用专用模具进行定位,并应符合下列规定:定位钢筋中心位置存在细微偏差时,宜采用钢套管方式进行细微调整;定位钢筋中心位置存在严重偏差影响预制构件安装时,应按设计单位确认的技术方案处理;应采用可靠的绑扎固定措施对连接钢筋的外露长度进行控制。

预制构件的外露钢筋应防止弯曲变形，并在预制构件吊装完成后，对其位置进行校核与调整。

（3）钢筋绑扎

预制墙板连接部位宜先校正水平连接钢筋，后安装箍筋套，待墙体竖向钢筋连接完成后绑扎箍筋，连接部位加密区的箍筋宜采用封闭箍筋（见图7.64）；预制梁、柱节点区的钢筋安装时，节点区柱箍筋应预先安装于预制柱钢筋上，随预制柱一同安装就位；预制叠合梁采用封闭箍筋时，预制梁上部纵筋应预先穿入箍筋内临时固定，并随预制梁一同安装就位。预制叠合梁采用开口箍筋时，预制梁上部纵筋可在现场安装。

图7.64 预制墙板连接部位钢筋

（4）注意事项

装配式混凝土结构后浇混凝土节点间的钢筋安装需要注意以下事项。

①装配式混凝土结构后浇混凝土节点间的钢筋安装做法受操作顺序和空间的限制，与常规做法有很大的不同，必须在符合相关规范要求的前提下满足装配式混凝土结构的要求。

②装配式混凝土结构预制墙板间竖缝（墙板间后浇混凝土带）的钢筋安装应符合《装配式混凝土结构技术规程》（JGJ 1—2014）第8.3.1条的要求“约束边缘构件的阴影区域宜全部采用后浇混凝土，并且应在后浇段内设置封闭箍筋”，按国标图集《装配式混凝土结构连接节点构造》（G 310—1~2）中预制墙板间构件竖缝加附加连接钢筋的做法。

2. 预制墙板边缘构件竖缝后浇混凝土带内的模板安装

预制墙板边缘构件竖缝后浇混凝土带内的模板安装见图7.65，铝模板和支撑体系见图7.66。

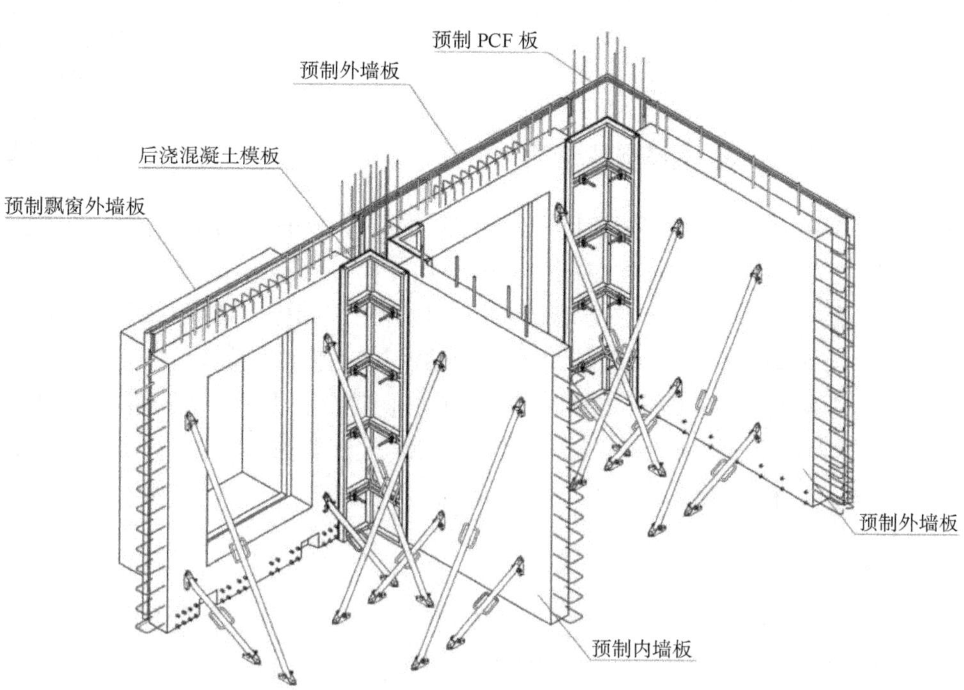

图 7.65　预制墙板边缘构件竖缝后浇混凝土带内的模板安装

图 7.66　铝模板及支撑体系

数字资源 7-11　外墙安装、铝模安装加固

扫一扫

墙板间后浇混凝土带连接宜采用工具式定型模板支撑，并应符合下列规定：定型模板应通过螺栓（预置内螺母）或预留孔洞拉结的方式与预制构件可靠连接，定型模板安装应避免遮挡预制墙板下部灌浆预留孔洞，夹心墙板的外叶板应采用螺栓拉结或夹板等加强固定，墙板接缝部位及其与定型模板连接处均应采取可靠的密封、防漏浆措施。

采用预制保温板作为免拆除外墙模板（PCF 板）进行支模（见图 7.67）时，预制外墙模板的尺寸参数及其与相邻外墙板之间的拼缝宽度应符合设计要求。安装时，与内侧模板或相邻构件应连接牢固并采取可靠的密封、防漏浆措施。

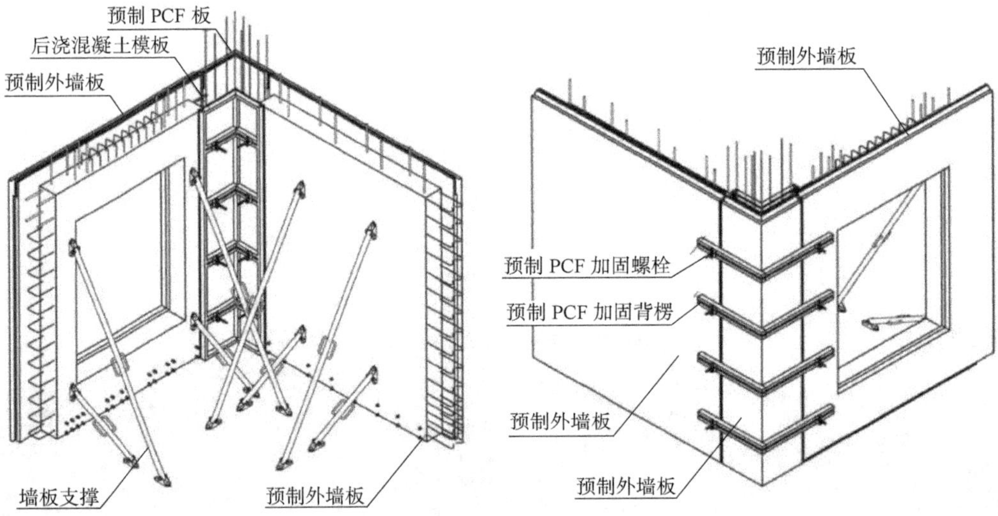

图 7.67　预制 PCF 板支模

3. 装配式混凝土结构后浇混凝土带的浇筑

①装配式混凝土结构的墙板间边缘构件竖缝后浇混凝土带的浇筑，应该与水平构件的混凝土叠合层以及按设计非预制而必须现浇的结构（如作为核心筒的电梯井、楼梯间）同步进行，一般选择一个单元作为一个施工段，按先竖向、后水平的顺序浇筑。这样后浇混凝土使竖向和水平预制构件成了一个整体。

②后浇混凝土浇筑前，应进行所有隐蔽项目的现场检查与验收。

数字资源 7-12　后浇混凝土施工工艺

扫一扫

③浇筑混凝土过程中应按规定见证取样留置混凝土试件。同一配合比的混凝土，每工作日且建筑面积不超过 1 000 ㎡应制作一组标准养护试件，同一楼层应制作不少于 3 组标准养护试件。

④混凝土应采用预拌混凝土，预拌混凝土应符合现行相关标准的规定；装配式混凝土结构施工中的结合部位或接缝处混凝土的工作性应符合设计施工规定；当采用自密实混凝土时，应符合现行相关标准的规定。

⑤预制构件连接节点和连接接缝部位后浇混凝土施工应符合下列规定：浇筑前，应清洁结合部位，并洒水润湿；连接接缝混凝土应连续浇筑，竖向连接接缝可逐层浇筑，混凝土分层浇筑高度应符合现行规范要求；浇筑时，应采取保证混凝土浇筑密实的措施，同一连接接缝的混凝土应连续浇筑，并应在底层混凝土初凝之前将上一层混凝土浇筑完毕；预制构件连接节点和连接接缝部位的混凝土应加密振捣点，并适当延长振捣时间，预制构件连接处混凝土浇筑和振捣时，应对模板和支架进行观察及维护，发生异常情况应及时进行处理；构件接缝处混凝土浇筑和振捣时，应采取措施防止模板、相连接构件、钢筋、预埋件及其定位件的移位。

⑥混凝土浇筑完毕后，应按施工技术方案要求及时采取有效的养护措施，并应符合下列规定：应在浇筑完毕后的 12 h 以内对混凝土加以覆盖并养护；浇水次数应能保持混凝土处于湿润状态；采用塑料薄膜覆盖养护的混凝土，其敞露的全部表面应覆盖严密，并应保持塑料薄膜内有凝结水；后浇混凝土的养护时间不应少于 14 d。

⑦预制墙板斜支撑和限位装置，应在连接节点和连接接缝部位后浇混凝土或灌浆料强度达到设计要求后拆除；当设计无具体要求时，后浇混凝土或灌浆料应达到设计强度的 75% 以上方可拆除。

⑧混凝土冬期施工应按现行标准《混凝土结构工程施工规范》(GB 50666—2011)、《建筑工程冬期施工规程》(JGJ/T 104—2011)的相关规定执行。

7.3 预制混凝土水平受力构件的现场施工

7.3.1 预制混凝土叠合楼板的安装施工

预制混凝土叠合楼板的施工流程见图 7.68。

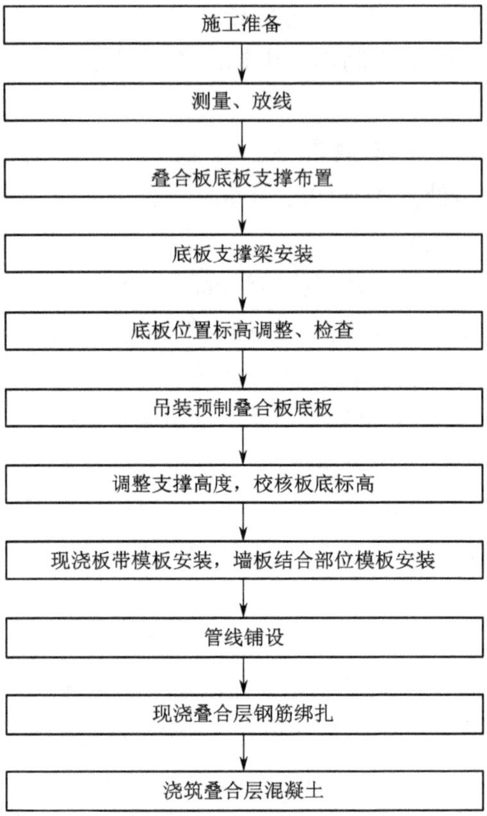

图 7.68　预制混凝土叠合楼板的施工流程

1. 安装支架材料准备

叠合板安装支架(见图 7.69)可采用传统碗扣式脚手架,也可以采用新型支撑体系(钢支撑、四向支撑头、三脚架、木工字梁)。目前,工地施工多采用传统碗扣式脚手架。

图 7.69　叠合板安装支架

2. 根据图纸检查叠合板类型并确定位置

根据图纸检查叠合板类型并确定位置（见图 7.70）。

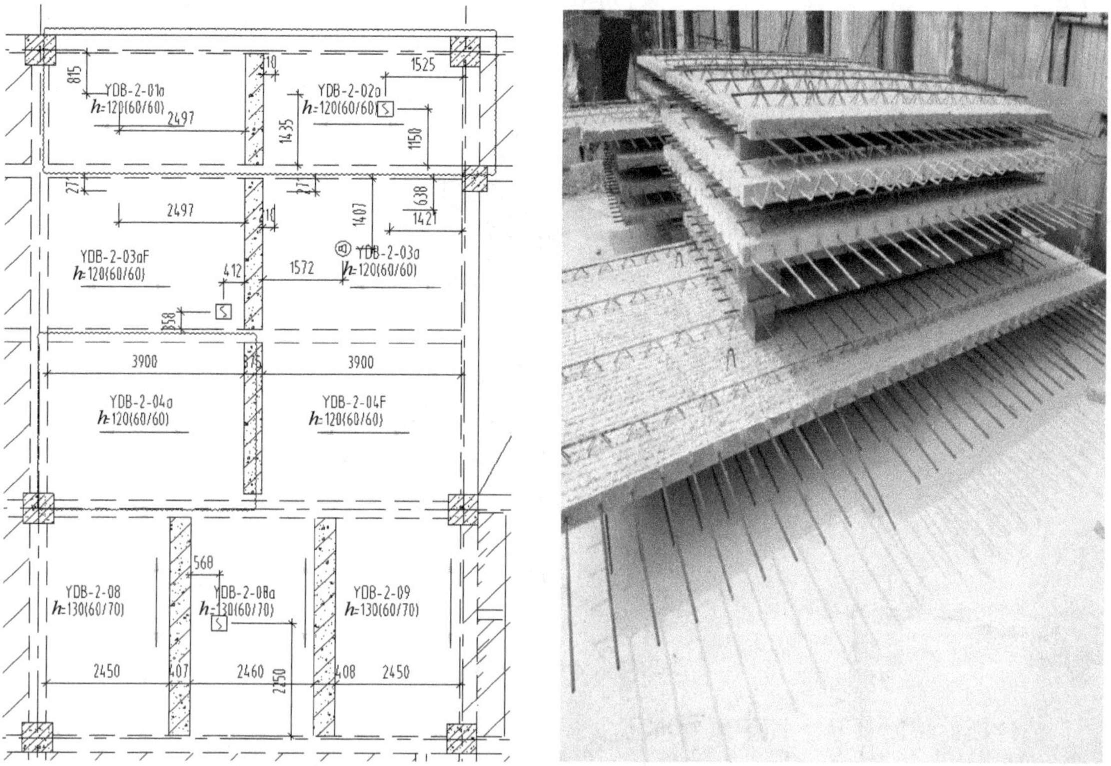

图 7.70　吊装前需要检查堆放区叠合板编号

数字资源 7-13　叠合板支撑平面、立面图

扫一扫

3. 叠合板吊装与安装就位

叠合板起吊时采用专用吊架吊装，各吊点均匀受力，保证构件平稳吊装。起吊前先进行试吊装，先吊至距地面 50 cm 停止，检查钢丝绳、吊钩的受力情况，使叠合板保持水平，然后吊至作业层上空（见图 7.71）。

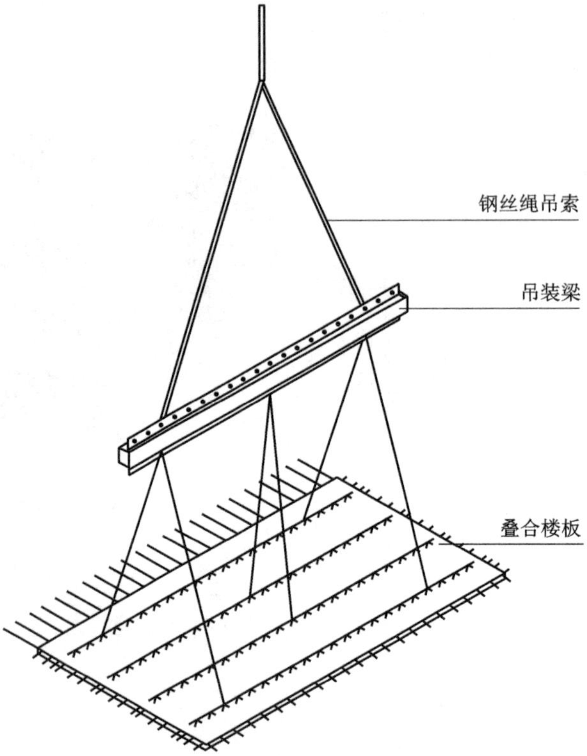

图 7.71　叠合板吊装示意

叠合板就位时要从上而下垂直向下安装(见图 7.72),在作业层上空 20 cm 处略停顿,施工人员手扶楼板调整方向,将板的边线与墙(梁)上的安放位置线对准,放下时要停稳慢放,严禁快速猛放,以避免冲击力过大造成板面震折裂缝。5 级风以上时应停止吊装。叠合板安装完成后应进行标高校核,用板下可调支撑进行调节。

图 7.72　叠合板安装就位

4. 水电管线敷设

叠合板上的水电线盒及管道会在生产阶段提前预留,安装完毕后现场只需将其管线连接即可(见图 7.73)。

续表

图 7.73　水电管线敷设

5. 叠合层钢筋绑扎

楼板上层钢筋应置于桁架上弦钢筋上，与桁架绑扎固定，以防止偏移和混凝土浇筑时上浮。

6. 安装检查

混凝土浇筑前，应按相关规范对叠合板安装及现场钢筋绑扎等项目进行检查验收，见表 7.4。

表 7.4　预制叠合墙板及楼板的安装允许偏差

序号	项目	允许偏差（mm）
1	基础顶面标高	± 10
2	楼层高度	± 5
3	预制墙板轴线位移	3
4	预制墙板垂直度	5
5	预制楼板搁置长度	± 10
6	同一轴线相邻楼板高度	5
7	预制墙板水平缝、竖缝宽度	+5，-8
8	每层山墙内倾	2
9	各楼层伸出插筋位置偏高	2
10	电梯井壁板	3
11	轴线位移	3
12	墙板垂直度	3
13	全高垂直度	3
14	建筑物全高垂直度	3
15	建筑物全楼高度	160

7. 二次混凝土浇筑

浇筑前要用有压力的水管把板面湿润。混凝土要连续浇筑，且振捣密实。

8. 安装施工中的注意事项

在墙板和楼板混凝土浇筑之前，应派专人对预制楼板底部拼缝及其与墙板之间的缝隙进行检查，对一些缝隙过大的部位进行支模封堵处理，以免影响混凝土的浇筑质量。

7.3.2　预制混凝土叠合梁的安装施工

装配式混凝土叠合梁的安装施工工艺流程与叠合楼板类似（见图 7.74）。现场施工时应将相邻的叠合梁与叠合楼板协同安装，两者的叠合层混凝土同时浇筑，以保证建筑的整体性能。

叠合梁的安装顺序应遵循先主梁后次梁、先低后高的原则。安装前，应测量并修正临时支撑标高，确保与梁底标高一致，并在柱上弹出梁边控制线；安装后根据控制线进行调整。安装时梁伸入支座的长度与搁置长度应符合设计要求。

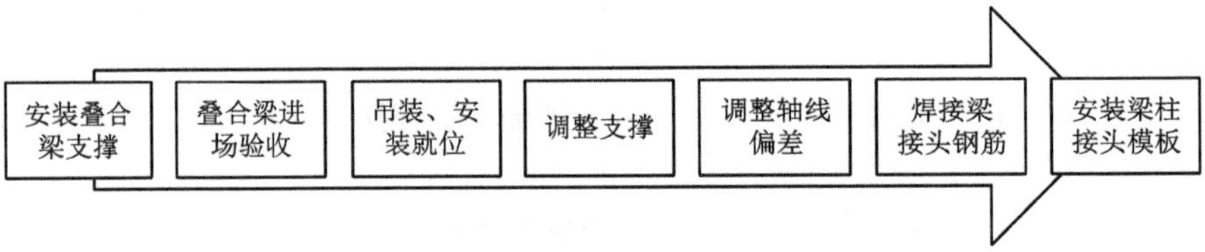

图 7.74　叠合梁的施工流程图

叠合梁吊装的定位和临时支撑非常重要，准确的定位决定着安装质量，合理使用临时支撑是保证定位质量的手段，更是保证施工安全的必要措施。

数字资源 7-14　叠合梁板安装

扫一扫

7.4　预制混凝土其他构件的现场施工

7.4.1　预制阳台、空调板的安装施工

装配式混凝土建筑的阳台一般采用封闭式阳台，其楼板采用钢筋桁架叠合板，部分采用全预制悬挑式阳台。空调板以全预制悬挑式板为主。

1. 预制阳台、空调板的现场施工流程

预制阳台、空调板的施工流程见图 7.75。

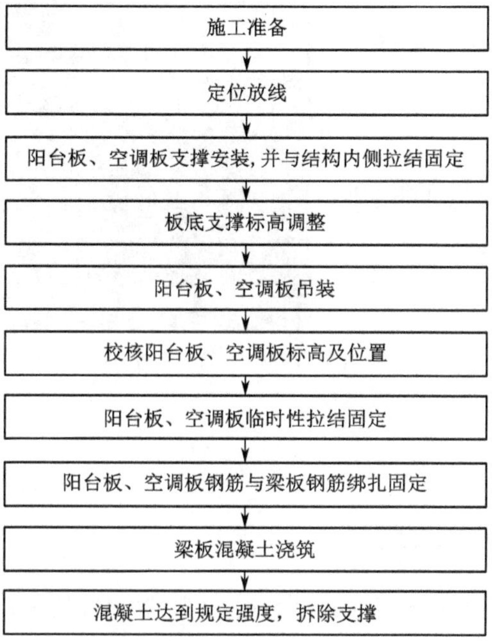

图 7.75　预制阳台、空调板的施工流程

预制阳台、空调板的施工技术要点如下。

①每个预制构件吊装前测量并弹出相应周边（隔板、梁、柱）控制线。

②板底支撑采用钢管脚手架 + 可调顶托 +100 mm × 100 mm 木方（或工字形木等），板吊装前应检查是否有可调支撑高出设计标高，校对预制梁及隔板之间的尺寸是否有偏差，并做相应调整。

③预制构件吊至设计位置上方 3~6 cm 处调整位置，使锚固筋与已完成结构预留筋错开，便于就位，构件边线基本与控制线吻合。

④当一跨板吊装结束后，要根据板周边线、隔板上弹出的标高控制线对板标高及位置进行精确调整，误差控制在 2 mm 以内。

2. 预制阳台、空调板的吊装

预制阳台（空调）板的吊装见图 7.76。

图 7.76　预制阳台板的吊装

数字资源 7-15　预制阳台板安装

①预制阳台板吊装宜选用专用框架吊装梁;预制空调板吊装可采用吊索直接吊装。

②吊装前应进行试吊装,且检查吊具预埋件是否牢固。

③按照吊装流程核对构件编号,确认安装位置,并标注吊装顺序。

④吊装时需注意成品保护,以免墙体边角被撞。

⑤悬臂式全预制阳台板、空调板甩出的钢筋都是负弯矩筋,应注意钢筋绑扎位置要准确,在后浇筑混凝土过程中要严格避免踩踏钢筋而造成钢筋向下位移。

⑥预制构件的板底支撑必须在后浇混凝土强度达到 100% 后才能拆除。板底支撑拆除尚应保证该构件能承受上层阳台通过支撑传递下来的荷载。

7.4.2　预制混凝土楼梯的安装施工

为提高楼梯的抗震性能,参照传统现浇结构的施工经验,结合装配式混凝土建筑的施工特点,楼梯构件与主体结构多采用滑动式支座连接(见图 7.77)。

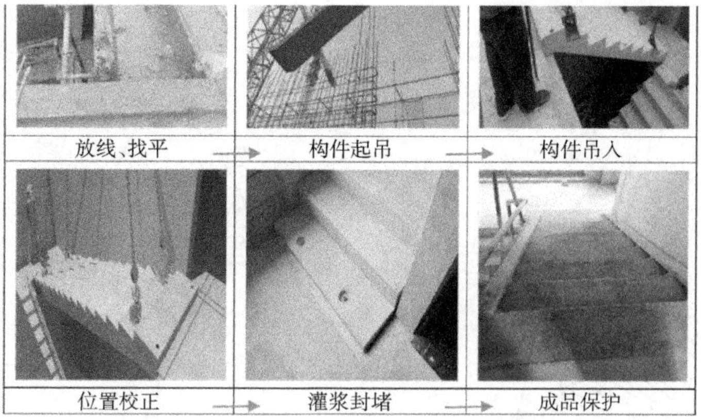

图 7.77　预制楼梯安装施工

1. 预制楼梯施工工艺流程

预制楼梯施工工艺流程见图 7.78。

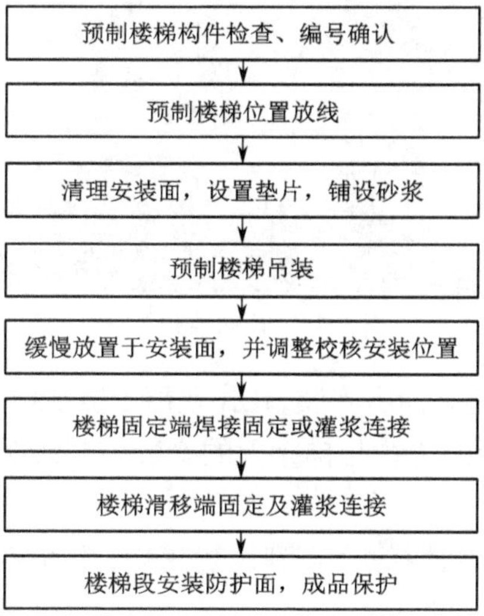

图 7.78　预制楼梯施工流程图

2. 预制楼梯吊装注意事项

①采用吊装梁设置长短钢丝绳保证楼梯起吊呈正常使用状态，低跨采用手拉葫芦调节，使吊装梁与踏步呈水平状态，楼梯吊装钢丝绳与吊装梁垂直，便于就位。

②主吊索与吊装梁水平夹角 α 不宜小于 60°（见图 7.79）。

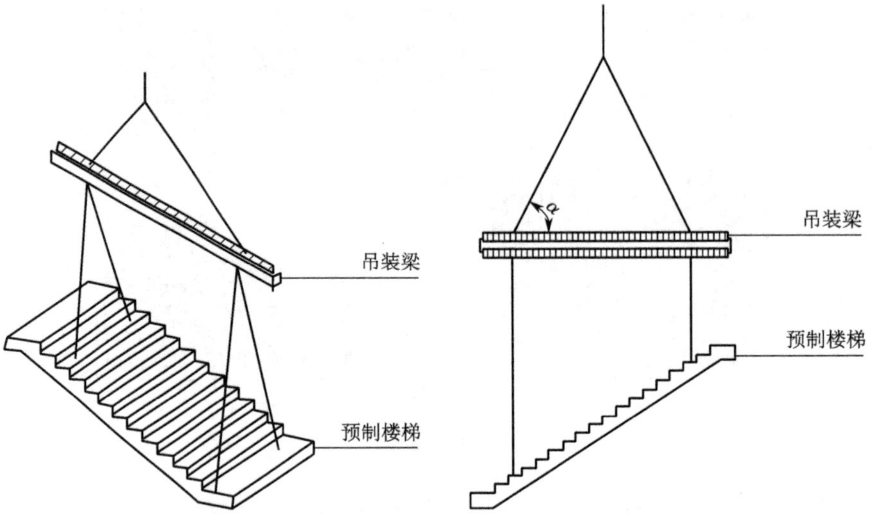

图 7.79　预制楼梯吊装

③就位时楼梯板要从上垂直向下安装，在作业层上空 30 cm 左右处略停顿，施工人员手扶楼梯板调整方向，将楼梯板的边线与梯梁上的安装控制线对准，放下时要停稳慢放，严禁快速猛放。

④基本就位后用撬棍微调楼梯板，直到位置正确，搁置平实，注意标高正确，校正后再脱钩。

3. 预制楼梯成品保护

①预制楼梯安装施工过程中及装配后应做好成品保护，成品保护可采取包、裹、盖、遮等有效措施，防止构件被撞击损伤和污染。

②预制楼梯生产完后在堆场堆放时，地面应做硬化处理，用垫木垫实；预制楼梯安装、校正过程中，避免对边缘的破坏。

③楼梯安装就位后，安装缝隙和连接孔位可用泡沫填充，防止垃圾进入其中；楼梯安装就位后，应及时对踏步面加以保护，避免将踏步棱角损坏，用胶合板定制稳定牢固的楼梯保护。

数字资源7-16 预制楼梯安装

扫一扫

技术提示

预制装配式混凝土建筑是将工厂生产的预制混凝土构件运输到现场,经吊装、装配、连接、部分现浇而形成的混凝土结构。预制装配式混凝土建筑在工地现场的施工安装核心工作主要包括三部分:构件的安装、连接和预埋、现浇。这三部分工作的质量和流程管控是保证预制装配式混凝土结构施工质量的关键。

基础训练

一、填空题

1. 预制板类构件可采用(　　)存放,构件层与层之间应垫平、垫实,每层构件之间的垫木或垫块应在(　　)。

2. 预制混凝土剪力墙构件安装常采用(　　)。

3. 预制混凝土框架柱安装常采用(　　)和(　　)。

4. 装配式混凝土工程中选用的起重机械,根据设置形态可以分为(　　)和(　　),施工时要根据施工场地和建筑物形状进行灵活选择。

5. 试吊预制楼梯板,起吊高度不应超过(　　)。

二、简答题

1. 试述预制混凝土叠合楼板的现场施工流程。

2. 试述预制混凝土墙板的现场施工流程。

3. 试述预制混凝土阳台板、空调板的现场施工流程。

4. 试述预制混凝土楼梯的现场施工流程。

第 8 章　BIM 与装配式建筑

知识目标

1. 了解 BIM 技术的基本概念。
2. 熟悉 BIM 技术的五大特点。
3. 了解 BIM 技术对建筑产业现代化的优势。

职业目标

1. 了解 BIM 技术如何助推建筑产业化发展。
2. 了解 BIM 技术在装配式建筑全周期的应用。

学习课件

本章课件

8.1　BIM 技术简介

1.BIM 的概念

建筑信息模型（Building Information Modeling，BIM）是在建设工程及设施全寿命周期内，对其物理和功能特性进行数字化表达，并以依此设计、施工、运营的过程和结果的总称。

数字资源 8-1　BIM 是什么？

扫一扫

2.BIM 的特点

（1）可视化

可视化就是"所见即所得"，BIM 通过建模软件将传统二维图纸所表达的工程对象以全方位的三维模型展示出来，模型严格遵守工程对象的一切指标和属性（见图 8.1 和图 8.2）。在建模过程中，由于构件之间互动性和反馈性的可视化，使得工程设计的诸多问题与缺陷提前暴露出来。除以效果图形式展现的可视化结果外，最为重要的是可视化覆盖了设计、施工、运营的各个阶段，各参与方的协调、交流、沟通、决策均在可视化状态中进行。BIM 可视化能力的价值占 BIM 价值的半壁江山。

图 8.1　可视化 1

图 8.2 可视化 2

(2)协调性

基于 BIM 的可视化技术,提供给各参与方一个直观、清晰、同步沟通协作的信息共享平台。业主、设计方、施工方在同一平台上,并通过 BIM 有机地整合在一起共同完成项目(见图 8.3)。由于 BIM 的协作特点,某个专业的设计发生变更时, BIM 相关软件可以将信息即时传递给其他参与者,平台数据也会实时更新。这样,其他专业的设计人员可以根据更新的信息修改本专业的设计方案。例如,结构专业的设计师在结构分析计算后发现需要在某处添加一根结构柱,以符合建筑承载力的要求,在平台上更新自己的设计方案;建筑设计师收到更新信息后会根据这根柱子影响建筑设计的情况来决定是否同意结构设计师的修改要求。在协商解决建筑功能、美观等问题的前提下,机电设计师即可根据添加结构柱后生成的碰撞数据,对排风管道位置进行修改,避免实际施工中的冲突。这个方面是建筑业中的重点内容。

(3)模拟性

模拟性并不是只能模拟设计出的建筑物模型,还可以模拟不能够在真实世界中进行操作的事物(见图 8.4)。在设计阶段, BIM 可以对设计上需要进行模拟的一些东西进行模拟试验,例如节能模拟、紧急疏散模拟、日照模拟、热能传导模拟等;在招投标和施工阶段可以进行 4D 模拟(三维模型加项目的发展时间),也就是根据施工的组织设计模拟实际施工,从而确定合理的施工方案来指导施工。同时,还可以进行 5D 模拟(基于 3D 模型的造价控制),从而实现成本控制;后期运营阶段可以模拟日常紧急情况的处理方式,例如地震人员逃生模拟及消防人员疏散模拟等。

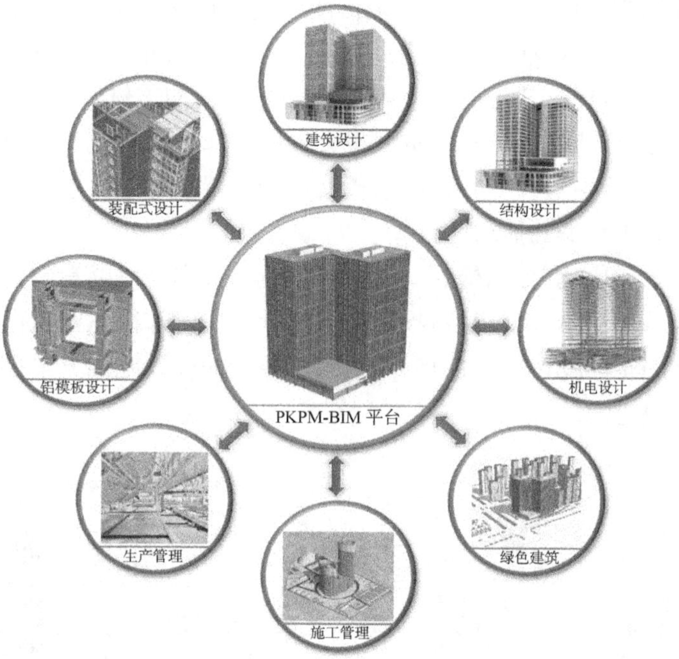

图 8.3　协调性

图 8.4　模拟性

扫一扫

数字资源 8-2　漫游模拟

（4）优化性

建筑工程项目整个设计、施工、运营的过程就是一个不断优化的过程。优化受信息、复杂程度和时间的制约。BIM 提供了建筑物实际存在的信息，包括几何信息、物理信息、规则信息，还提供了建筑物变化以后的实际存在（见图 8.5）。建筑复杂到一定程度，参与人员因本身的能力有限无法掌握所有的信息，必须借助一定的科学技术和设备。现代建筑物的复杂程度大多超过参与人员本身的能力极限，BIM 及与其配套的各种优化工具提供了对复杂项目进行优化的可能。目前，基于 BIM 的优化可以做下面的工作。

①项目方案优化：把项目设计和投资回报分析结合起来，设计变化对投资回报的影响可以实时计算出来，这样业主对设计方案的选择就不会停留在对形状的评价上，而是知道哪种项目设计方案更有利于自身的需求。

②特殊项目的设计优化：如裙楼、幕墙、屋顶、大空间，到处可以看到异型设计，这些内容看起来占整个建筑的比例不大，但是占投资和工作量的比例却往往要大得多，而且通常也是施工难度比较大和施工问题比较多的地方，对这些内容的设计施工方案进行优化，可以带来显著的工期和造价改进。

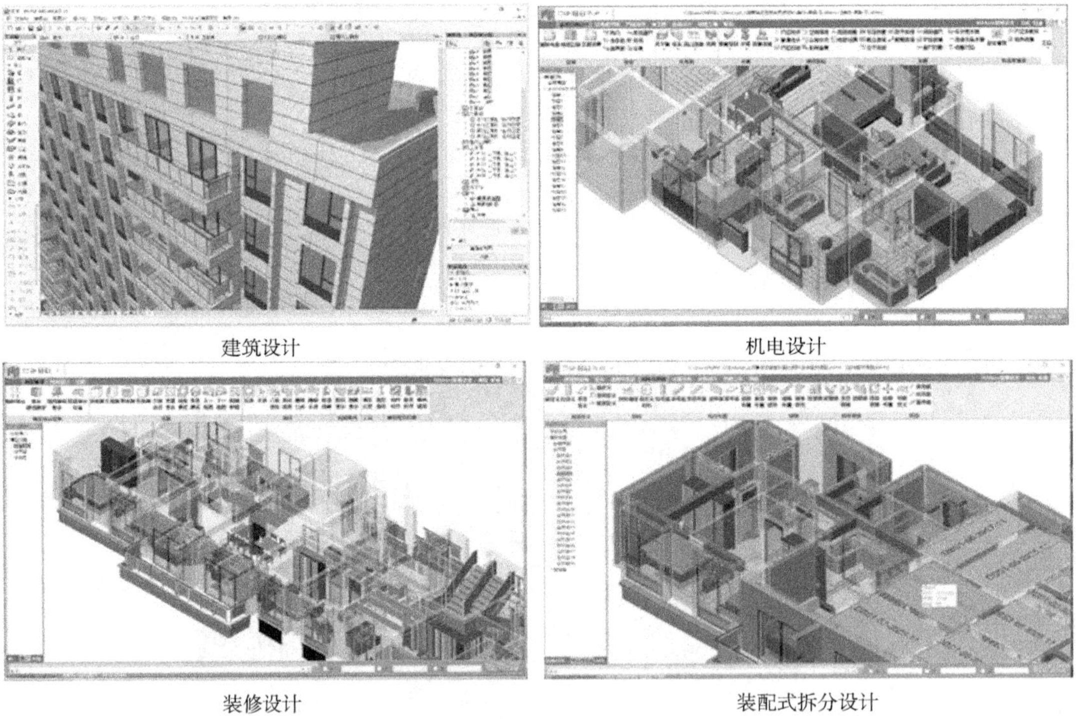

图 8.5　优化性

(5)可出图性

BIM 并不是为了出常见的建筑设计院的建筑设计图纸及一些构件加工的图纸，而是通过对建筑物进行可视化展示、协调、模拟、优化，帮助业主出如下图纸(见图 8.6)。

①综合管线图(经过碰撞检查和设计修改，消除了相应错误)。

②综合结构留洞图(预埋套管图)。

③碰撞检查(见图 8.7)侦错报告和建议改进方案。

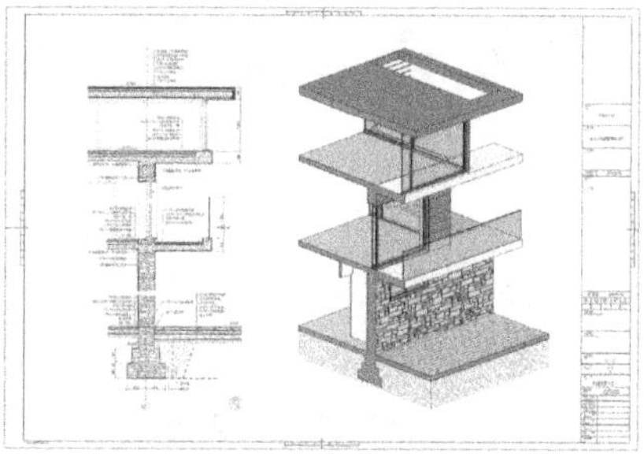

图 8.6　可出图性

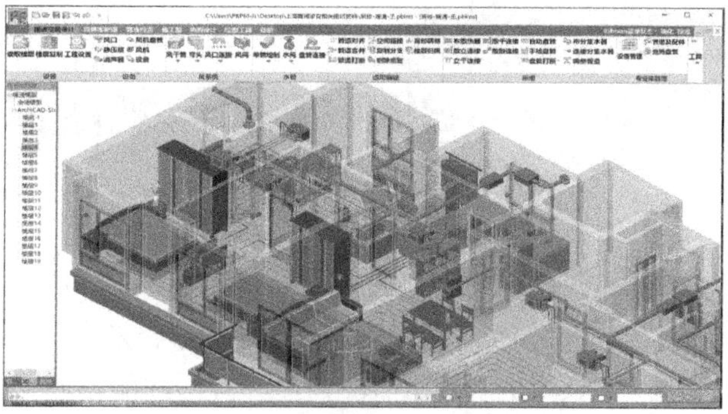

图 8.7　碰撞检查

3. 我国 BIM 技术发展现状

BIM 是以建筑工程项目中的所有相关信息数据为依据，通过数字信息仿真来模拟建筑物的所有真实信息。BIM 的作用是使建筑项目信息在规划、设计、建造和运行维护全过程充分共享，无损传递。应用 BIM 技术可以使建筑项目的所有参与方在项目从概念产生到完全拆除的整个寿命期内都能够在模型中操作信息和在信息中操作模型，进行协同工作，从根本上改变过去依靠符号、文字表达的蓝图进行项目建设和运营管理的工作方式，实现在建设项目全寿命期内提高工作效率和质量、降低资源消耗以及减少错误和风险的目标。

BIM 技术在我国的应用起步较晚，我国工程建设行业从 2003 年开始引进 BIM 技术，目前的应用以设计公司为主，正在逐步推广和深入到建筑行业各个领域。在信息化技术飞速发展的今天，建筑业的低效率与混乱管理显得很不协调。因此，住房和城乡建设部在《2011—2015 年建筑业信息化发展纲要》中提出，“十二五”期间将基本实现建筑企业信息系统的普及应用，加快建筑信息模型（BIM）、基于网络的协同工作等新技术在工程中的应用。

随着 BIM 技术在我国逐渐被认可与应用，特别是近年来在国内工程建造行业高速发展的背景下，BIM 已经在国内一些大型工程项目中得到积极应用，涌现出很多成功案例。在国家重大工程项目中，国家牵头并引导企业使用 BIM 技术，如上海中心大厦、北京“水立方”、上海世博会中国国家馆等。近年来，住房和城乡建设部公布的国家标准、各省市编制的地方标准、各行业编制的行业标准及各企业编制的企业标准初步构成中国的 BIM 标准序列。

数字资源 8-3　上海中心大厦建设

扫一扫

8.2 BIM 技术与装配式建筑结合应用的优势

装配式建筑采用标准化设计、工业化生产、机械化安装、信息化管理的现代化建造方式，该方式具有标准化和精细化的优势和特点，是实现建筑工业化的主要途径之一。BIM 是装配式建筑体系中的关键技术和最佳平台，它能够对装配式建筑全产业链提供有力支持，利用 BIM 技术实现预制装配式建筑全流程的精细、高效信息管理必将是建筑业发展的趋势。

1. 装配式建筑中 BIM 的应用

在装配式建筑工程中采用 BIM 技术，可以实现设计、生产、施工环节全产业链的 BIM 应用，并实现 BIM 交付、数据共享。建立基于 BIM、物联网等技术的云服务平台，可以为装配式建筑提供平台支撑，畅通产业链各参与方之间在各阶段、各环节的信息渠道（见图 8.8）。

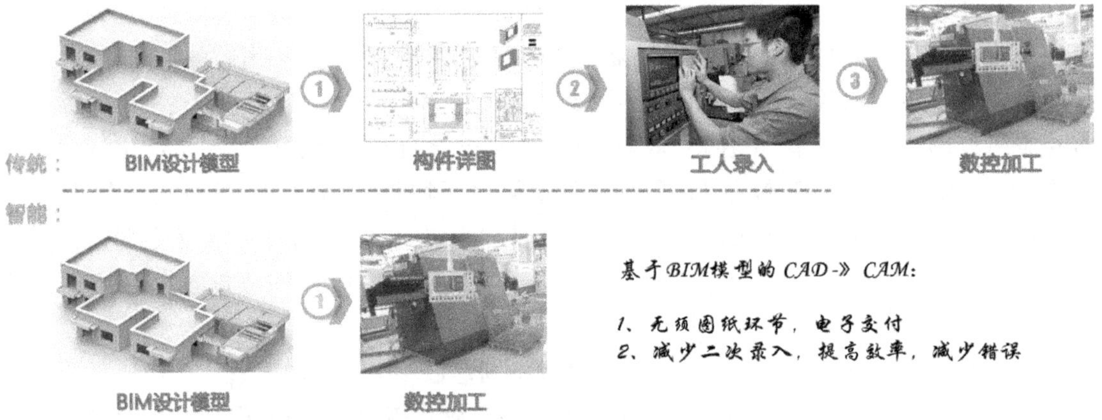

图 8.8　建造流程对比

很多装配式建筑工程项目在设计、生产、施工等全过程中尝试应用 BIM 技术。装配式建筑在预制构件深化设计阶段，应用 BIM 技术可建立丰富的预制构件资源库，提高深化设计效率；在预制加工阶段，在预制工厂、运输和施工现场之间，可应用物联网技术对预制构件的加工信息、库存信息、运输信息和现场堆放信息进行有效管理；在现场安装阶段，研发和应用基于 BIM、物联网的预制装配式施工现场管理系统，可突破地域、时间限制，对施工现场的各种生产要素进行合理配置与优化。

部分企业探索实行部品部件生产管理信息化。部品部件生产企业推广应用 BIM 技术，利用信息模型进行模具设计、钢筋网片与骨架的制作和加工，以提高构件的制造精度；鼓励使用 ERP（企业资源计划）管理系统，优化生产控制、库存控制及物流、采购、分销管理，提升部品部件生产企业绩效；在三维可视条件下建设标准化预制构件和部品数据库，开展模拟拼装、部品部件协调检查、工程量数据分析等工作，提高施工图设计精度和施工效率，降低生产成本。

2.BIM 技术助推建筑产业现代化

BIM 技术在建筑生产及施工过程中的应用越来越广泛，信息化和建筑工业化在发展过程中互相推进。现阶段，信息化的发展主要表现在全流程信息化管理和建筑信息模型技术在建筑工业化中的应用（见图 8.9）。BIM 技术作为信息化技术的一种，已随着建筑工业化的推进在我国建筑业逐步推广应用。

图 8.9　BIM 应用优化

采用 BIM 技术可以比较容易地实现模块化设计和构件的零件化、标准化。因此，BIM 技术在建筑工业化中的应用具有天然的优势。建筑工业化的管理要求与 BIM 技术的全寿命周期管理理念不谋而合。工业化建筑建设过程中对 BIM 技术也存在实际需求，如建筑设计过程中的空间优化、减少错漏碰缺、深化设计需求、施工过程的优化和仿真、项目建设中的成本控制等。信息化技术对建筑工业化的推动大致可概括为以下三个方面。

（1）设计标准化

设计标准化是建筑工业化的前提。要求设计标准化与多样化相结合，构配件设计要在标准化的基础上做到系列化、通用化。

数字资源 8-4　BIM 构件库

扫一扫

产业流程是指产品的生产全过程。建筑业的产业流程被人为地分开，作为建筑产品最关键的初始环节——建筑设计被列为独立行业，与建筑施工处于不同的过程之中。在具体工程实践中，施工方必须严格执行设计文件，按图施工。如果设计本身并无明显错误，施工方一般不可以按照自己的意图提出相应的设计变更。每一个建设工程的设计方都可能是不同的，对于具体建筑物的理解也千差万别，所确定的工艺做法也都不一样，因此施工方以固定的、程序化的、工业化的施工工艺或零部件来应对不同的建设项目是难以实现的。

可见，设计与施工过程的割裂，使得施工方不得不面对千差万别的建筑物，也使得设计方在设计时无须考虑也无法考虑具体的工艺过程。这种工作的独立性，更使得每一个建筑物的建设过程均成为个案，无法实现工业化。

利用 BIM 技术可以进行土建设计、结构设计、安装设计，还可以进行建筑物的性能分析，例如日照性能分析、采光性能分析、能耗性能分析、结构性能分析，更可以进行碰撞检测等，使建筑物在施工前就能解决现场可能出现的各种问题。这样，利用 BIM 技术几乎可以达到无错设计。通过 BIM 自动生成平、立、剖专业施工图，不仅可以避免重复工作还可以最大限度地避免错误。

（2）构件标准化（图 8.10）

总体上，我国工业化建筑的标准化和通用化水平都还不高，建造方式仍以现场施工为主，这就导致了建设工程的独特性与建筑工业化的标准化之间的矛盾。工业化的基本特征是标准化，标准化是大批量生产的前提，而大批量是低成本的保证。因此，差异化的建设项目与大批量生产之间必然存在着相应的矛盾，这些矛盾使得建筑工业化的发展受到制约。虽然建筑物是千差万别的，但建筑物宏观状态的独特性并不意味着建筑物微观构成的独特性。由于建筑材料的特定性、同类建筑荷载的相似性、同类建筑微观功能的相似性，建筑物的微观状态必然是相似的。尤其是在同一地区的同类建筑物中，这种相似性表现得更加明显。

机械手自动画线　　机械手自动布膜　　机械手布置钢筋网

图 8.10　构件标准化

经过多年的发展，建筑设计已经形成完整的规范化体系，除了“水立方”“鸟巢”等特定的项目，大量的普通建筑，如办公楼、教学楼等的跨度、层高、荷载模式、使用材料、结构体系等关键参数已经趋于标准化或至少是准标准化。设计经验表明，某一个地区的同类建筑在微观的构造与处理上几乎是相同的，或至少同设计单位、同设计者的相关做法是相同的。国内很多地方有地方性的标准图集或施工工艺标准，如果在此基础上经过特定的处理，完全可以针对某一特定的建筑类别实现标准化的构配件，并进而实现预制化。

数字资源 8-5　标准化

扫一扫

采用装配式建造方式，预先在工厂生产出各种构配件，然后运到工地进行装配，混凝土构配件实行工厂预制、现场预制和工具式钢模板现浇相结合，发展构配件生产专业化、商品化，有计划、有步骤地提高预制装配程度（见图 8.11 和图 8.12）。在建筑材料方面，积极发展经济、适用的新型材料，重视就地取材，利用工业废料，节约能源，降低费用。

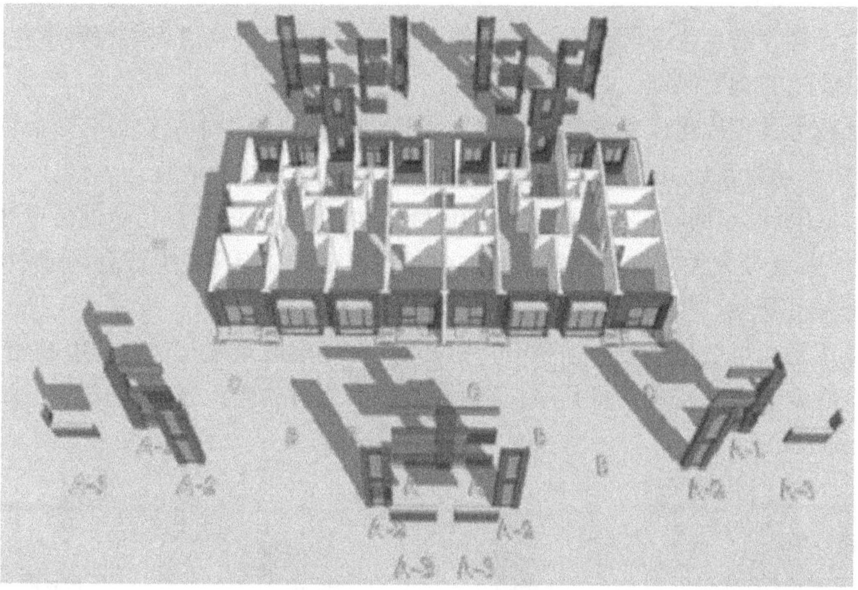

图 8.11　构件资源进行组合建模

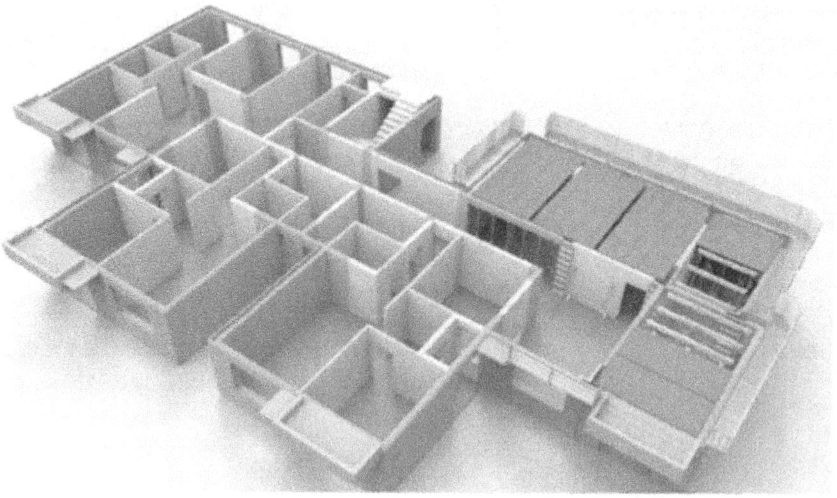

图 8.12　建成可视化数字模型

利用BIM技术，将组成工程的每个部分分解成尺寸、形状都标准化并可以定型生产的构件。在BIM中根据构件的特点建立构件库，构件库可以包括建筑材料库、预制构件（预制梁、板、柱、栏杆、门、窗等）库、家具（桌椅、厨卫、洁具、灯具等）库等。建立BIM时可以利用构件库搭建整个建筑工程。建立构件库时，应完善每个构件的信息。这些信息包含构件的编号、构件的尺寸、构件的材质、构件的位置，从而解决构配件标准化的问题。

利用BIM技术解决工程构件标准化的问题，彻底避免了构件不规则、不规范的情况，从而实现构配件的生产专业化、商品化，实现工程装配式施工，推进建筑产业化向标准化、精细化方向发展。

（3）管理信息化

运用计算机等信息化手段，从设计、制作到施工现场安装，全过程实行科学化组织管理，这是建筑工业化的重要保证。

信息化技术是集成建设系统实现系统集成与组织集成的基本前提与有效保证。从管理模式来看，集成建设系统并非实体企业，而是很多企业构成的松散联合体，生产与施工组织过程中的地域限制、空间隔阂、标准差异、沟通障碍等问题，会使信息指令的传递速度比实体企业缓慢，偏差也会大大增加。因此，全面、快捷地沟通与交流，减少信息沟通中的障碍、偏差与损失至关重要。

信息集成是通过信息平台与信息门户的构建，使得集成系统与产业链中的相关分包商、供应商与核心企业能够实现信息共享、及时沟通与办公自动化，实现基于信息系统的辅助建设过程（见图8.13）。

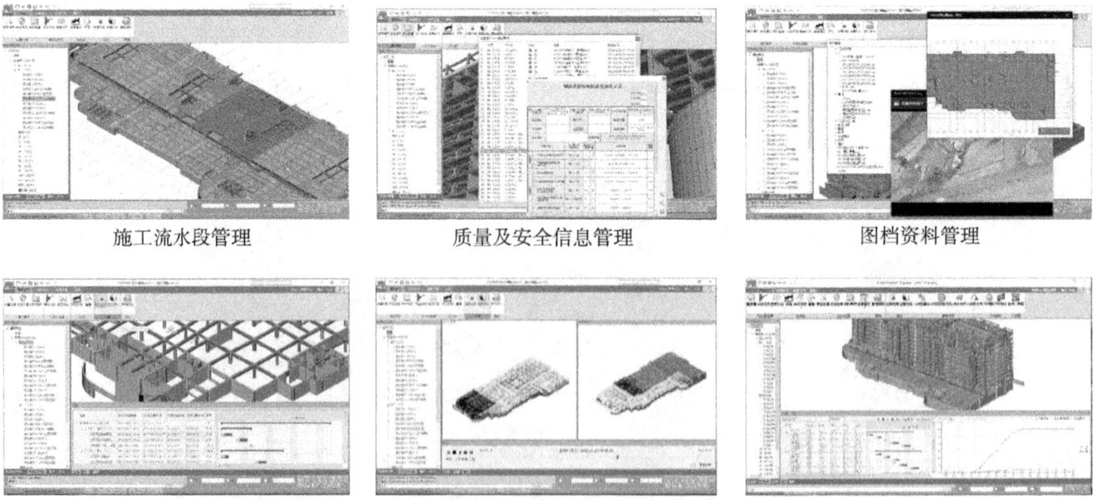

施工流水段管理　质量及安全信息管理　图档资料管理

施工进度管理（4D）　计划进度与实际进度对比　成本管理（5D）

图8.13　管理信息化

数字资源 8-6　BIM 信息化管理

扫一扫

BIM 是虚拟的建筑，通过虚拟建筑可以把工程现场在计算机里展现出来，从而进行模拟和分析，如果发现问题可以及时解决，这样既可以减少施工过程中的返工次数，避免资源浪费，还可以对不同的施工方案进行对比从而选出最优方案。这些过程由于只是计算机计算模拟，所以不会浪费太多时间，更不会浪费资源（见图 8.14）。

图 8.14　构件安装 BIM 模拟

此外，在 3D 模型的基础上又更进一步采用 4D 模拟施工。4D 是指在 3D 模型的基础上增加时间的维度，可以对施工方案和工序进行检测，确保工程正常有序地进行。BIM 不仅可以进行 4D 的施工模拟，还可以在 4D 模型的基础上增加成本的维度建立 5D 模型，通过 5D 模型可以实现精细化的预算和项目成本的可视化，通过对工程项目进行 5D 仿真模拟，得到所有建筑构件的准确工程量，实现造价控制。

除此之外，信息化不仅仅意味着信息的流转过程，更意味着建筑物与预制构件的信息化。通过信息处理技术，将实体建筑物信息化，进而借助相关技术实现建筑物施工过程的虚拟化（Virtual Construction，虚拟建设），对建筑物的“可施工性”进行度量与评估——构建预期建筑物与现实的标准化的零部件、构配件、建筑模块之间的相关关系，实现模拟拼装与施工流程模拟，从而有效指导现实的施工过程。

同时，在施工组织中，通过信息集成与编码控制系统，实现从实体建筑的拆解，标准化构配件的成组化、委托加工，零部件的验收，工作包拆分，到构配件在具体建筑上的还原过程中，对相关零部件、构配件的全过程跟踪与监测的全过程信息化管理。

8.3 BIM 技术在装配式建筑全寿命周期内的综合应用

建筑产业化的终极目标是要把工程项目的建设过程从自古以来的“设计→现场施工”模式进化为“设计→工厂制造→现场安装”模式，事实上工程项目机电系统的设备部分有史以来就是采用“设计→制造→安装”的模式。很显然，要真正解决建筑产业化的问题，就必须协调好设计、制造、安装之间的关系，在设计阶段充分考虑制造和安装的需求，从而在保障产品本身具有市场竞争力的前提下控制好工期、造价和质量（见图 8.15 和图 8.16）。

这个任务的完成，如果仅期望依靠设计、施工和安装当中的任何一方，成功的可能性不大，因为各方的利益、立场不同；而由业主对这三方进行协调，也不会有实质性的效果，因为无论采用何种项目建设模式，业主的协调一天也没有间断过。

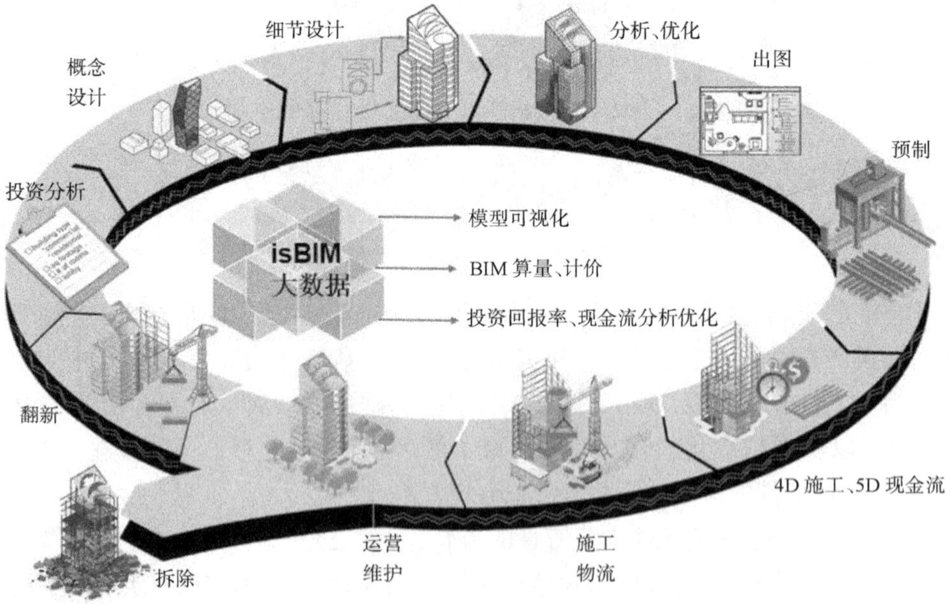

图 8.15　BIM 全过程管理

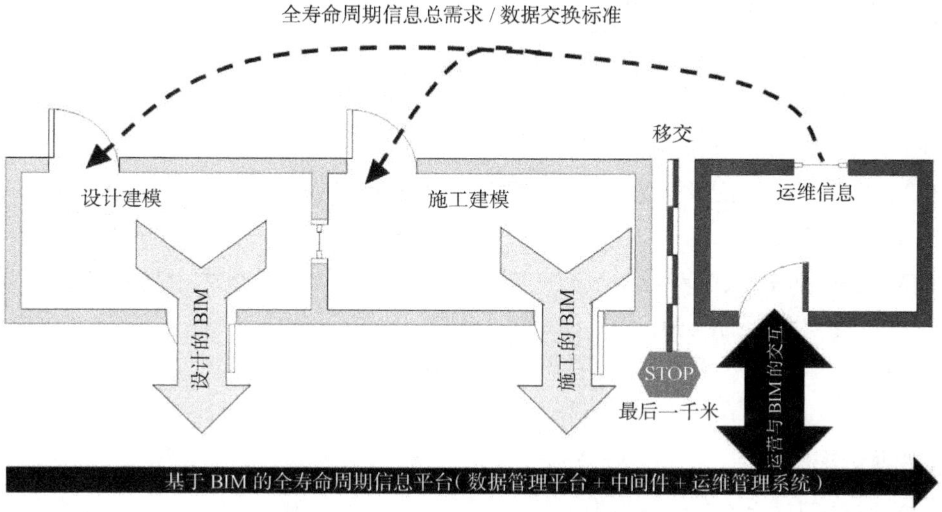

图 8.16　BIM 全寿命周期信息需求

数字资源 8-7　BIM 全周期

借助 BIM 技术,在实际开始制造以前,统筹考虑设计、制造和安装的各种要求,把实际的制造安装过程通过 BIM 模型在电脑中先虚拟地做一遍,包括设计协调、制造模拟、安装模拟等,在实际制造安装前把可能遇到的问题消灭在电脑的虚拟世界里;同时在制造安装开始以后结合 RFID、智能手机、互联网、数控机床等技术和设备对制造安装过程进行信息跟踪,保障项目按照计划的工期、造价、质量顺利完成。

技术提示

本章主要介绍建筑产业现代化中 BIM 技术的应用,首先介绍 BIM 的概念、BIM 的特点、BIM 能给建筑产业现代化带来什么,然后介绍 BIM 技术与装配式建筑结合的优势以及 BIM 技术在装配式建筑全寿命周期的应用。

基础训练

一、单项选择题

1. BIM 技术应该贯穿于建筑物的(　　)。

A. 全寿命周期　　B. 设计阶段

C. 施工阶段　　D. 运营阶段

2. BIM 的中文全称是(　　)。

A. 建设信息模型

B. 建筑信息模型

C. 建筑数据信息

D. 建设数据信息

3. 下列关于 BIM 的含义不正确的是(　　)。

A.BIM 以三维数字技术为基础

B.BIM 是一个完善的信息模型

C.BIM 是一类软件

D.BIM 具有单一工程数据源

4. BIM 是一种技术、一种(　　)、一个过程,它既包括建筑全寿命周期的信息模型,又包括建筑工程管理行为的模型。

A. 方法

B. 族库

C. 软件

D. 效果

二、多项选择题

1. BIM 技术的特点有(　　)。

A. 可视化

B. 协调性

C. 模拟性

D. 优化性

E. 可出图性

2. 信息化技术对建筑工业化的推动大致可概括为(　　)。

A. 设计标准化

B. 设计标注化

C. 构件标准化

D. 管理标准化

E. 管理信息化

3.BIM 的优化性主要体现在(　　)。

A. 碰撞检查

B. 空间净高分析

C. 机房深化

D. 管井深化

E. 预留预埋

4. 管理信息化主要包括(　　)。

A. 图档资料管理

B. 施工进度管理

C. 成本管理

D. 物流管理

E. 质量及安全信息管理

附录

装配式建筑有关国家、行业或地方标准目录

序号	标准名称	标准编号	分类
1	《装配整体式混凝土结构工程施工及验收规程》	DB34/T 5043—2016	安徽
2	《装配整体式建筑预制混凝土构件制作与验收规程》	DB34/T 5033—2015	安徽
3	《预制混凝土构件质量检验标准》	DB11/T 968—2013	北京
4	《装配式混凝土结构工程施工与质量验收规程》	DB11/T 1030—2013	北京
5	《装配式剪力墙结构设计规程》	DB11/ 1003—2013	北京
6	《装配式剪力墙住宅建筑设计规程》	DB11/T 970—2013	北京
7	《预制装配式混凝土结构技术规程》	DBJ 13—216—2015	福建
8	《装配式混凝土建筑结构技术规程》	DBJ 15—107—2016	广东
9	《城市居住区规划设计标准》	GB 50180—2018	国家
10	《低合金高强度结构钢》	GB/T 1591—2018	国家
11	《多高层木结构建筑技术标准》	GB/T 51226—2017	国家
12	《钢管混凝土工程施工质量验收规范》	GB 50628—2010	国家
13	《钢管混凝土结构技术规范》	GB 50936—2014	国家
14	《混凝土结构工程施工规范》	GB 50666—2011	国家
15	《钢结构工程施工质量验收规范》	GB 50205—2001	国家
16	《钢结构焊接规范》	GB 50661—2011	国家
17	《钢结构设计标准》	GB 50017—2017	国家
18	《装配式建筑评价标准》	GB/T 51129—2017	国家

续表

序号	标准名称	标准编号	分类
19	《混凝土结构工程施工质量验收规范》	GB 50204—2015	国家
20	《混凝土结构设计规范》	GB 50010—2010	国家
21	《混凝土外加剂应用技术规范》	GB 50119—2013	国家
22	《混凝土质量控制标准》	GB 50164—2011	国家
23	《建设工程文件归档规范》	GB/T 50328—2014	国家
24	《建筑采光设计标准》	GB 50033—2013	国家
25	《建筑地面设计规范》	GB 50037—2013	国家
26	《建筑电气工程施工质量验收规范》	GB 50303—2015	国家
27	《建筑防腐蚀工程施工规范》	GB 50212—2014	国家
28	《建筑防腐蚀工程施工质量验收标准》	GB/T 50224—2018	国家
29	《建筑给水排水及采暖工程施工质量验收规范》	GB 50242—2002	国家
30	《建筑工程施工质量验收统一标准》	GB 50300—2013	国家
31	《建筑节能工程施工质量验收规范》	GB 50411—2007	国家
32	《建筑结构荷载规范》	GB 50009—2012	国家
33	《建筑结构用钢板》	GB/T 19879—2015	国家
34	《建筑抗震设计规范》	GB 50011—2010	国家
35	《建筑模数协调标准》	GB/T 50002—2013	国家
36	《建筑设计防火规范》	GB 50016—2014	国家
37	《建筑物防雷工程施工与质量验收规范》	GB 50601—2010	国家
38	《建筑物防雷设计规范》	GB 50057—2010	国家
39	《建筑用轻质隔墙条板》	GB/T 23451—2009	国家
40	《建筑照明设计标准》	GB 50034—2013	国家
41	《建筑装饰装修工程质量验收标准》	GB 50210—2018	国家
42	《冷弯薄壁型钢结构技术规范》	GB 50018—2002	国家
43	《门式刚架轻型房屋钢结构技术规范》	GB 51022—2015	国家
44	《民用建筑隔声设计规范》	GB 50118—2010	国家
45	《民用建筑热工设计规范》	GB 50176—2016	国家
46	《民用建筑设计通则》	GB 50352—2005	国家
47	《木结构设计标准》	GB 50005—2017	国家
48	《碳素结构钢》	GB/T 700—2006	国家
49	《通风与空调工程施工质量验收规范》	GB 50243—2016	国家

续表

序号	标准名称	标准编号	分类
50	《智能建筑工程质量验收规范》	GB 50339—2013	国家
51	《住宅建筑规范》	GB 50368—2005	国家
52	《住宅设计规范》	GB 50096—2011	国家
53	《住宅装饰装修工程施工规范》	GB 50327—2001	国家
54	《装配式钢结构建筑技术标准》	GB/T 51232—2016	国家
55	《装配式混凝土建筑技术标准》	GB/T 51231—2016	国家
56	《装配式建筑工程消耗量定额》	征求意见稿—2016	国家
57	《装配式木结构建筑技术标准》	GB/T 51233—2016	国家
58	《低层冷弯薄壁型钢房屋建筑技术规程》	JGJ 227—2011	行业
59	《非结构构件抗震设计规范》	JGJ 339—2015	行业
60	《钢板剪力墙技术规程》	JGJ/T 380—2015	行业
61	《钢结构高强度螺栓连接技术规程》	JGJ 82—2011	行业
62	《钢结构住宅设计规范》	CECS 261—2009	行业
63	《钢筋混凝土装配整体式框架节点与连接设计规程》	CECS 43—1992	行业
64	《钢筋机械连接技术规程》	JGJ 107—2016	行业
65	《钢筋连接用灌浆套筒》	JG/T 398—2012	行业
66	《钢筋连接用套筒灌浆料》	JG/T 408—2013	行业
67	《钢筋套筒灌浆连接应用技术规程》	JGJ 355—2015	行业
68	《高层建筑混凝土结构技术规程》	JGJ 3—2010	行业
69	《高层民用建筑钢结构技术规程》	JGJ 99—2015	行业
70	《建筑钢结构防腐蚀技术规程》	JGJ/T 251—2011	行业
71	《交错桁架钢结构设计规程》	JGJ/T 329—2015	行业
72	《矩形钢管混凝土结构技术规程》	CECS 159—2004	行业
73	《空间网格结构技术规程》	JGJ 7—2010	行业
74	《夏热冬冷地区居住建筑节能设计标准》	JGJ 134—2010	行业
75	《预应力混凝土用金属波纹管》	JG 225—2007	行业
76	《预制预应力混凝土装配整体式框架结构技术规程》	JGJ 224—2010	行业
77	《整体预应力装配式板柱结构技术规程》	CECS 52—2010	行业
78	《装配式混凝土结构技术规程》	JGJ 1—2014	行业
79	《装配式混凝土构件制作与验收标准》	DB13(J)/T 181—2015	河北
80	《装配式混凝土剪力墙结构建筑与设备设计规程》	DB13(J)/T 180—2015	河北

续表

序号	标准名称	标准编号	分类
81	《装配式混凝土剪力墙结构施工及质量验收规程》	DB13(J)/T 182—2015	河北
82	《装配整体式混合框架结构技术规程》	DB13(J)/T 184—2015	河北
83	《装配整体式混凝土剪力墙结构设计规程》	DB13(J)/T 179—2015	河北
84	《装配式混凝土构件制作与验收技术规程》	DBJ41/T 155—2016	河南
85	《装配式住宅建筑设备技术规程》	DBJ41/T 159—2016	河南
86	《装配式住宅整体卫浴间应用技术规程》	DBJ41/T 158—2016	河南
87	《装配整体式混凝土结构技术规程》	DBJ41/T 154—2016	河南
88	《装配整体式混凝土剪力墙结构技术规程》	DB42/T 1044—2015	湖北
89	《混凝土叠合楼盖装配整体式建筑技术规程》	DBJ43/T 301—2013	湖南
90	《混凝土装配—现浇式剪力墙结构技术规程》	DBJ43/T 301—2015	湖南
91	《装配式钢结构集成部品　撑柱》	DB43/T 1009—2015	湖南
92	《装配式钢结构集成部品　主板》	DB43/T 995—2015	湖南
93	《装配式斜支撑节点钢框架结构技术规程》	DBJ43/T 311—2015	湖南
94	《灌芯装配式混凝土剪力墙结构技术规程》	DB22/JT 161—2016	吉林
95	《施工现场装配式轻钢结构活动板房技术规程》	DGJ32/J 54—2016	江苏
96	《预制预应力混凝土装配整体式结构技术规程》	DGJ32/TJ 199—2016	江苏
97	《装配整体式混凝土剪力墙结构技术规程》	DGJ32/TJ 125—2016	江苏
98	《装配式混凝土结构构件制作、施工与验收规程》	DB21/T 2568—2016	辽宁
99	《装配式混凝土结构设计规程》	DB21/T 2572—2016	辽宁
100	《装配整体式剪力墙结构设计规程（暂行）》	DB21/T 2000—2012	辽宁
101	《装配式建筑全装修技术规程（暂行）》	DB21/T 1893—2011	辽宁
102	《装配整体式建筑技术规程（暂行）》	DB21/T 1924—2011	辽宁
103	《装配整体式建筑设备与电气技术规程（暂行）》	DB21/T 1925—2011	辽宁
104	《装配整体式混凝土结构工程施工与质量验收规程》	DB37/T 5019—2014	山东
105	《装配整体式混凝土结构工程预制构件制作与验收规程》	DB37/T 5020—2014	山东
106	《装配整体式混凝土结构设计规程》	DB37/T 5018—2014	山东
107	《工业化住宅建筑评价标准》	DG/TJ 08—2198—2016	上海
108	《装配整体式混凝土公共建筑设计规程》	DGJ 08—2154—2014	上海
109	《预制装配钢筋混凝土外墙技术规程》	SJG 24—2012	深圳
110	《预制装配整体式钢筋混凝土结构技术规范》	SJG 18—2009	深圳
111	《四川省装配整体式住宅建筑设计规程》	DBJ51/T 038—2015	四川

续表

序号	标准名称	标准编号	分类
112	《四川省装配式混凝土结构工程施工与质量验收规程》	DBJ51/T 054—2015	四川
113	《叠合板式混凝土剪力墙结构技术规程》	DB33/T 1120—2016	浙江
114	《装配整体式混凝土结构工程施工质量验收规范》	DB33/T 1123—2016	浙江
115	《装配式混凝土住宅构件生产与验收技术规程》	DBJ50/T 190—2014	重庆
116	《装配式混凝土住宅建筑结构设计规程》	DBJ50/T 193—2014	重庆
117	《装配式混凝土住宅结构施工及质量验收规程》	DBJ50/T 192—2014	重庆
118	《装配式住宅部品标准》	DBJ50/T 217—2015	重庆
119	《低、多层装配式建筑——远大轻型木结构建筑参考图集》	18CJ67—2,18CG44—1	国家
120	《装配式建筑系列标准应用实施指南(木结构建筑)》	2016SSZN—MJG	国家
121	《装配式建筑系列标准应用实施指南(装配式混凝土结构建筑)》	2016SSZN—HNT	国家
122	《装配式建筑系列标准应用实施指南(钢结构建筑)》	2016SSZN—GJG	国家

基础训练答案

第 1 章

第 2 章

第 3 章

第 4 章

第 5 章

第 6 章

第 7 章

第 8 章

参考文献

[1] 纪颖波. 建筑工业化发展研究 [M]. 北京：中国建筑工业出版社，2011.

[2] 张波. 装配式混凝土结构工程 [M]. 北京：北京理工大学出版社，2016.

[3] 许远明，蒋义军. 产业化住宅成本分析 [J]. 建筑经济，2014（5）：21-24.

[4] 中国建筑标准设计研究院，中国建筑科学研究院. 装配式混凝土结构技术规程：JGJ 1—2014 [S]. 北京：中国建筑工业出版社，2014.

[5] 中华人民共和国住房和城乡建设部. 装配式建筑评价标准：GB/T 51129—2017 [S]. 北京：中国建筑工业出版社，2017.

[6] 李启明. 建筑产业现代化导论 [M]. 南京：东南大学出版社，2017.

[7] 陈群，蔡彬清，林平. 装配式建筑概论 [M]. 北京：中国建筑工业出版社，2017.

[8] 陈锡宝，杜国城. 装配式混凝土建筑概论 [M]. 上海：上海交通大学出版社，2017.

[9] 戚豹. 钢结构工程施工 [M]. 北京：中国建筑工业出版社，2010.

[10] 张弘. 现代木结构构造与施工 [M]. 北京：中国建筑工业出版社，2012.

[11] 住房和城乡建设部住宅产业化促进中心. 大力推广装配式建筑必读：制度·政策·国内外发展 [M]. 北京：中国建筑工业出版社，2016.

[12] 住房和城乡建设部住宅产业化促进中心. 大力推广装配式建筑必读：技术·标准·成本与效益 [M]. 北京：中国建筑工业出版社，2016.

[13] 中国建筑科学研究院. 钢筋套筒灌浆连接应用技术规程：JCJ 355 —2015 [S]. 北京：中国建筑工业出版社，2015.

[14] 中国建筑标准设计研究院. 装配式建筑系列标准应用实施指南：装配式混凝土结构建筑 [M]. 北京：中国计划出版社，2016.

[15] 吴涛. 加快转变建筑业发展方式 促进和实现建筑产业现代化 [J]. 中华建设，2014（7）：60-65.

[16] 郭晶晶. 装配式钢结构建筑现现状与思考 [J]. 中国房地产业,2017(14):72.
[17] 田春雨. 装配式建筑体系及研究进展简介 [M]. 重庆:重庆大学出版社, 2017.
[18] 张建国. 我国建筑产业现代化技术变革研究 [R]. 沈阳:[出版者不详],2017.
[19] 肖明和,张蓓. 装配式建筑施工技术 [M]. 北京:中国建筑工业出版社,2018.